Horst Dreier
Grundrechtsschutz durch Landesverfassungsgerichte

Schriftenreihe
der
Juristischen Gesellschaft zu Berlin

Heft 163

W
DE
G

2000
Walter de Gruyter · Berlin · New York

Grundrechtsschutz durch Landesverfassungsgerichte

Von
Horst Dreier

Vortrag
gehalten vor der
Juristischen Gesellschaft zu Berlin
am 8. September 1999

W
DE
G

2000

Walter de Gruyter · Berlin · New York

Dr. *Horst Dreier*,
o. Universitätsprofessor an der Universität Würzburg

♾ Gedruckt auf säurefreiem Papier,
das die US-ANSI-Norm über Haltbarkeit erfüllt.

Die Deutsche Bibliothek – CIP-Einheitsaufnahme

Dreier, Horst:
Grundrechtsschutz durch Landesverfassungsgerichte : Vortrag ge-
halten vor der Juristischen Gesellschaft zu Berlin am 8. September
1999 / von Horst Dreier. - Berlin ; New York : de Gruyter, 2000
   (Schriftenreihe der Juristischen Gesellschaft zu Berlin ; H. 163)
   ISBN 3-11-016770-0

Printed in Germany
Satz: OLD-Satz digital, Neckarsteinach
Druck: Druckerei Gerike GmbH, Berlin
Buchbinderische Verarbeitung: Industriebuchbinderei Fuhrmann GmbH & Co. KG, Berlin

Inhaltsübersicht

I. Aktualität und Bedeutung des Themas

Wer in Berlin über das Thema „Grundrechtsschutz durch Landesverfassungsgerichte" zu sprechen sich anschickt, läuft wohl je nach
Stoßrichtung seiner Ausführungen Gefahr, entweder die berühmten
Eulen nach (Spree-)Athen zu tragen oder sich in die nicht minder
sprichwörtliche Höhle des Löwen (beziehungsweise des Berliner
Bären) zu begeben. Denn es war ja die sog. Honecker-Entscheidung
des Berliner Verfassungsgerichtshofes[1], welche die landesverfassungsgerichtlichen Möglichkeiten zur Intensivierung des Grundrechtsschut-
zes aus dem abgeschiedenen Dunkel einer jahrzehntelang kaum beach-
teten Judikatur in ein helles (womöglich gar grelles) Licht gerückt hat.
Doch gleichviel, ob man diesen Paukenschlag in allen seinen argumen-
tativen Schritten überzeugend[2] und den Anlaßfall besonders passend
findet – nicht leugnen kann man, daß damit ein weiter Sprung über die
bisher vorsichtig tastende Judikatur der Verfassungsgerichte Bayerns
und Hessens zum Themenkomplex „Überprüfung von landesgerichtlichen Entscheidungen in bundesrechtlich geregelten Verfahren
anhand von Landesgrundrechten" hinaus getan und zugleich ein ent-
scheidender Anstoß für eine breite, im Kern trotz der mittlerweile
ergangenen Entscheidung des Bundesverfassungsgerichts[3] noch nicht
abgeschlossenen Diskussion über ein lange Zeit eher stiefmütterlich
behandeltes Thema gegeben wurde. Schon von daher muß das Ur-
teil unabhängig davon, wie man sich zu ihm stellt, als bedeutsam
gelten[4]. Freilich sehe ich meine Aufgabe nicht in erster Linie darin,

---

[1] BerlVerfGH NJW 1993, 515 = LVerfGE 1, 56.

[2] Aus der Fülle der Stellungnahmen und Analysen: *C. Starck*, JZ 1993, 231 ff.;
D. Wilke, NJW 1993, 887 ff.; *J. Gehb*, DÖV 1993, 470 ff.; *M. Sachs*, ZfP 40
(1993), 121 ff.; *C. Pestalozza*, NVwZ 1993, 340 ff.; *P. Kunig*, NJW 1994, 687 ff.;
S. Endter, EuGRZ 1995, 227 ff.; *K.-G. Zierlein*, AöR 120 (1995), 205 ff.; *B.
Lemhöfer*, NJW 1996, 1714 ff.; *R. Uerpmann*, Der Staat 35 (1996), 428 ff. – Zu-
sammenfassung bei *H. Dreier*, in: ders. (Hrsg.), Grundgesetz-Kommentar, Bd.
2, 1998, Art. 31 Rn. 55.

[3] BVerfGE 96, 345 – Landesverfassungsgerichte = NJW 1998, 1297 = JZ
1998, 615. Dazu näher unter IV. (S. 25 ff.).

[4] Zum Honecker-Beschluß als entscheidendem Diskussionsanstoß *K. Stern*,
Der Aufschwung der Landesverfassungsbeschwerde im wiedervereinigten
Deutschland, in: Festschrift 50 Jahre Bayerischer Verfassungsgerichtshof, 1997,
S. 241 ff. (241); *K. Schlaich*, Das Bundesverfassungsgericht. Stellung, Verfahren,
Entscheidungen, 4. Aufl. 1997, Rn. 334b; *C. Tietje*, AöR 124 (1999), 282

hier noch einmal im einzelnen das Für und Wider, die Stärken und Schwächen der Honecker-Entscheidung auszuloten und den vielen Stellungnahmen und Analysen eine weitere hinzuzufügen. Vielmehr soll in einer etwas grundsätzlicheren Weise davon die Rede sein, unter welchen Bedingungen, anhand welcher Maßstäbe und mit welchen bundesverfassungsrechtlichen und womöglich auch bundesverfassungsgerichtlichen Einschränkungen Landesverfassungsgerichte eine eigenständige Judikatur zu Landesgrundrechten entwickeln und neben oder vor dem Bundesverfassungsgericht autonomen Grundrechtsschutz gewähren können. Im Rahmen der abschließenden Diskussion der Entscheidung des Bundesverfassungsgerichts zur Kassationsbefugnis der Landesverfassungsgerichte ist dann auf einige der durch den Berliner Honecker-Beschluß aufgeworfenen Fragen näher einzugehen.

II. Drei Voraussetzungen für einen Grundrechtsschutz durch Landesverfassungsgerichte

Grundrechtsschutz durch Landesverfassungsgerichte kann nur praktisch und damit unser Thema erst richtig zu einem solchen werden, wenn wir auf der Ebene der Länder ein keineswegs selbstverständliches und im Grunde recht anspruchsvolles normatives Ensemble vorfinden, das sich aus drei Komponenten zusammensetzt. Die Rede ist von einer institutionellen, einer materiellen und einer prozessualen Voraussetzung. Es bedarf *erstens* der Institution einer Landesverfassungsgerichtsbarkeit; *zweitens* der Installation von Grundrechten als geschriebenem Bestandteil der Landesverfassung; *drittens* schließlich des Instrumentes der Landesverfassungsbeschwerde.

Dem ganzen voraus liegt noch das durchaus thematisierungsbedürftige Erfordernis, daß die Länder überhaupt über geschriebene Verfassungen verfügen, ohne welche den Landesverfassungsgerichten der unerläßliche normative Maßstab fehlen würde. Daß sie sich solche geben können, ist nicht nur ganz unbestritten, sondern gilt vor allem als wesentlicher Ausweis ihrer Staatlichkeit. Aus der Eigenstaatlichkeit der Länder folgt ihr Recht zur Verfassunggebung, und umgekehrt ist die solcherart umschriebene Verfassungshoheit oder -autonomie deren

---

(283 ff.). – Anders aber *J. Isensee*, BayVBl. 1999, 191 (192), der von einem „jämmerlichen Debüt" des Berliner Gerichts spricht.

Signum[5]. Obwohl daraus richtiger Ansicht zufolge keine Pflicht zur förmlichen Verfassunggebung folgt, verfügen alle sechzehn Bundesländer über Verfassungsurkunden, auch wenn Schleswig-Holstein, im Zweifel über den eigenen Staatscharakter, sich zunächst nur eine „Landessatzung" zulegte. Seit 1990 hat man aber auch hier eine nicht nur geschriebene und als Staatsgrundgesetz fungierende, sondern klar als solche bezeichnete Verfassung. Die Landesverfassungen betonen den Staatscharakter der Länder, ermöglichen föderale Vielfalt auch und gerade bei der Ausgestaltung der Staatsfundamentalnormen und tragen insgesamt zur Identität, Individualität wie zur Legitimation der Länder bei.

1. Organisatorische Komponente: Institutionalisierung von Landesverfassungsgerichten

Grundrechtsschutz durch Landesverfassungsgerichte ist zunächst nur möglich, wenn solche überhaupt institutionalisiert sind. Es gilt der Satz: wo keine Landesverfassungsgerichtsbarkeit, da auch kein Grundrechtsschutz durch diese. Insofern ist der Befund eindeutig: 15 von 16 Bundesländern haben eigene Verfassungsgerichte geschaffen, die teils als Verfassungs-, teils als Staatsgerichtshöfe, teils schlicht als (Landes-)Verfassungsgerichte bezeichnet werden, ohne daß sich daraus für Bedeutung und Funktion ein Unterschied ergäbe. Wenn man mit dem Bundesverfassungsgericht aus dem Recht der Verfassunggebung der Länder folgert, daß die „Verfassungsräume" zwischen ihnen und dem Bund prinzipiell getrennt sind, dann ist die eigene, über diesen Raum wachende Landesverfassungsgerichtsbarkeit kraftvolle Bestätigung, möglicherweise gar „Krönung" der Verfassungshoheit der Länder[6],

---

[5] Vgl. BVerfGE 36, 342 (346 f.); *H. v. Olshausen*, Landesverfassungsbeschwerde und Bundesrecht, 1980, S. 157 f.; *H. Dreier*, in: ders. (Hrsg.), Grundgesetz-Kommentar, Bd. 2, 1998, Art. 28 Rn. 47 ff. m.w.N. aus Judikatur und Literatur; zu ergänzen wäre *K.-G. Zierlein*, AöR 120 (1995), 205 (218).

[6] *P. Häberle*, JöR 45 (1997), 89 (104): Landesverfassungsgerichtsbarkeit der Gliedstaaten als „Krönung' ihrer Verfassungsautonomie"; vgl. auch *C. Pestalozza*, Verfassungsprozeßrecht, 3. Aufl. 1991, § 21 Rn. 4 (S. 374): „Bestätigung und Krönung" der gliedstaatlichen Autonomie. Ähnlich *W. Leisner*, Landesverfassungsgerichtsbarkeit als Wesenselement des bundesdeutschen Föderalismus, in: Festschrift 25 Jahre Bayerischer Verfassungsgerichtshof, 1972, S. 183 ff. (183): „Attribut der Eigenstaatlichkeit der Länder"; *K. Stern*, Einführung, in: C. Starck/K. Stern (Hrsg.), Landesverfassungsgerichtsbarkeit, Bd. 1, 1983, S. 1 ff. (5): „Verfassungsgerichtsbarkeit als Vollendung der Verfassungsstaatlichkeit"; s. noch *A. Stiens*, Chancen und Grenzen der Landesverfassungen im deutschen Bundesstaat der Gegenwart, 1997, S. 168 m.w.N.

liegt jedenfalls in der Logik der bundesstaatlichen Konstruktion[7]. Allein Schleswig-Holstein hat bislang darauf verzichtet, ein eigenes Landesverfassungsgericht zu etablieren, und stattdessen von der Möglichkeit der Organleihe gemäß Art. 99 GG Gebrauch gemacht, so daß das Bundesverfassungsgericht in Karlsruhe als Landesverfassungsgericht für das nördlichste Land der Bundesrepublik judiziert. Obwohl somit „föderales Schlußlicht"[8], bleibt dadurch doch funktional auch für Schleswig-Holstein gewährleistet, daß hier wie in den anderen Bundesländern Verfassungsstaatlichkeit institutionell abgesichert und Sorge dafür getragen ist, daß die Verfassung ihrer Funktion als grundlegender Ordnung, als normativer Vorgabe und festem Rahmen für den politischen Prozeß gerecht werden kann. Denn verbindlicher Maßstab kann die kraft einer verfassunggebenden Gewalt des Volkes geschaffene Verfassung (*pouvoir constituant*) für das Handeln der durch sie etablierten Organe (*pouvoirs constitués*) effektiv nur sein, wenn Gerichte existieren, die in Unabhängigkeit und alleiniger Bindung an die Verfassung deren Vorrang gegenüber den staatlichen Rechtsakten aufrechterhalten und durchsetzen[9]. Freilich kann und darf dieser Befund nicht über die Vielfalt der Ausgestaltung der Landesverfassungsgerichte und ihrer höchst unterschiedlich bemessenen Kompetenzen hinwegtäuschen. So wie die Verfassungen der Länder selbst teils als sog. Vollverfassungen ausgestaltet (so seit jeher in Bayern, Bremen und Hessen sowie nunmehr in den fünf neuen Bundesländern), teils bloße Organisationsstatute sind (Hamburg und Schleswig-Holstein), so differiert auch der Zuständigkeitskatalog der Landesverfassungsgerichte in hohem Maße[10].

Für unser Thema von herausragender Bedeutung ist insofern, ob auch die Landesverfassungsbeschwerde vorgesehen ist.

---

[7] S. jetzt auch BVerfGE 96, 345 (368): Kompetenz zur Einrichtung der Landesverfassungsgerichtsbarkeit folgt aus der Eigenstaatlichkeit.

[8] So *J. Isensee*, BayVBl. 1999, 191 (192).

[9] Vgl. zu diesem Aspekt des Vorranges der Verfassung eingehend *E.-W. Böckenförde*, NJW 1999, 9 ff.; knapp *H. Dreier*, BayVBl. 1999, 513 (516). Zur praktischen Notwendigkeit einer Verfassungsgerichtsbarkeit zwecks effektiver Durchsetzung und fester Verankerung der Verfassung *K. Hesse*, Grundzüge des Verfassungsrechts der Bundesrepublik Deutschland, 20. Aufl. 1995, Rn. 50; *R. Wahl*, Der Staat 20 (1981), 485 (486); *D. Grimm*, Art. Verfassung, in: Staatslexikon der Görres-Gesellschaft, 7. Aufl., Bd. 5, 1989, Sp. 633 ff. (639). Eindringlich dazu auch *Schlaich*, Bundesverfassungsgericht (Fn. 4), Rn. 12 ff.

[10] Überblick bei *K. Stern*, Das Staatsrecht der Bundesrepublik Deutschland, Bd. III/2, 1994, S. 1502 ff.; *C. Degenhart*, Staatsrecht I, 15. Aufl. 1999, Rn. 529 ff.

2. Materielle Komponente:
Installation von Grundrechten in der Landesverfassung

Zum Kompetenzkatalog der Landesverfassungsgerichte kann die Verfassungsbeschwerde nur gehören, wenn die Landesverfassung auch Grundrechte enthält: das ist die zweite, die materielle Komponente. Es gilt der Satz: wo keine Landesgrundrechte, da auch kein Schutz derselben durch Landesverfassungsgerichte. Landesverfassungen mit Grundrechtsteil bringen zum Ausdruck, daß die Länder trotz und ungeachtet ihrer föderalen Bindung als eigene Staaten mit eigenem Verfassungsprofil angesehen werden[11]; und dies natürlich umso mehr, wenn ihre Grundrechtsverbürgungen nicht nur Imitate der Bundesgrundrechte sind. Starkes eigenes Profil weisen naturgemäß die vorkonstitutionellen Verfassungen Bayerns, Bremens und Hessens auf; auch die neuen Bundesländer (allen voran Brandenburg) können von sich behaupten, mit ihren Grundrechtsgarantien nicht nur eine Kopie des grundgesetzlichen Originals hergestellt, sondern eigenständige Akzente gesetzt und sich um weiterführende Konzepte moderner Verfassungsstaatlichkeit bemüht zu haben[12]. Gleiches darf Berlin für sich reklamieren.

Aber bemerkenswerterweise fehlen eigene Kataloge nicht allein dort, wo man sich wie in Hamburg oder Schleswig-Holstein auf ein Organisationsstatut beschränkt hat. Vielmehr trifft man des öfteren auf das Modell der vom Grundgesetz rezipierten Grundrechte. In Baden-Württemberg, Niedersachsen und Nordrhein-Westfalen werden die Grundrechte des Grundgesetzes im Wege einer Verweisung inkorporiert[13].

---

[11] *K.-G. Zierlein*, AöR 120 (1995), 205 (218 f.); *H. Bethge*, in: T. Maunz u.a. (Hrsg.), Bundesverfassungsgerichtsgesetz, § 85 (1995), Rn. 26: „Föderalismus ist zu einem Gutteil Grundrechtspluralismus"; s. auch *E. Tjarks*, Zur Bedeutung der Landesgrundrechte, Diss. jur. Osnabrück 1997, S. 136. Vgl. aus der älteren Literatur *W. Leisner*, Die bayerischen Grundrechte, 1968, S. 123 f. (integrierender Wert und legitimierende Kraft für die Landesstaatlichkeit).

[12] Die stärkste Anlehnung an das Grundgesetz unter den neuen Bundesländern findet sich in Mecklenburg-Vorpommern, das mit Art. 5 III LV die Grundrechte des Grundgesetzes rezipiert; gleichwohl enthalten die nachfolgenden Artikel noch eigene Gewährleistungen.

[13] Baden-Württemberg: Art. 2 I LV; Nordrhein-Westfalen: Art. 4 I LV (Art. 4 II LV enthält ein zusätzliches, eigenständiges Grundrecht auf Datenschutz); Niedersachsen: Art. 3 II LV. Art. 3 III LV ist textidentisch mit Art. 3 III GG; Art. 4-6b LV enthalten hingegen keine Grundrechte, sondern eher Staatszielbestimmungen. – Die Frage, ob eine statische oder dynamische Verweisung vorliegt, ist nicht leicht zu beantworten; demokratietheoretische Überlegungen streiten zweifelsohne für ein statisches Verständnis, wie es bereits der Wortlaut des Art. 4 I der Verfassung Nordrhein-Westfalens nahelegt, während der

Ungeachtet ihrer inhaltlichen Identität handelt es sich freilich auch bei diesen Grundrechten um echte Landesgrundrechte und damit um Bestandteile des Landesverfassungsrechts (so wie die Art. 136 ff. WRV durch Art. 140 GG zu echten Bestandteilen des Grundgesetzes geworden sind). Sie sind keine Rechte minderen Ranges oder geringerer Qualität. Auch handelt es sich bei ihnen ebensowenig wie bei denjenigen Landesgrundrechten, die mit solchen des Grundgesetzes wortlautidentisch sind, entgegen der zeitweilig verbreiteten, heute aber zu Recht ganz überwiegend abgelehnten sog. Identitätslehre lediglich um die mehrfache Absicherung ein und desselben Grundrechts[14], sondern um eigenständige Grundrechte des Landesverfassungsrechts[15], die den eigenständig zu interpretierenden Prüfungsmaßstab für die Landesverfassungsgerichte bilden. Deswegen bleiben wortlautidentische ebenso wie solche im Wege einer statischen Verweisung rezipierte Landesgrundrechte – vorbehaltlich einer Derogation durch Art. 142, 31 GG – auch in Kraft, wenn die entsprechende grundgesetzliche Norm aufgehoben oder substantiell verändert worden sein sollte. Freilich ist festzustellen, daß in denjenigen Ländern, die die Bundesgrundrechte rezipieren, die Möglichkeit einer Landesverfassungsbeschwerde unter Berufung auf die rezipierten Rechte im Regelfall ausgeschlossen ist[16]. Damit sind wir bei der dritten, der prozessualen Komponente.

Normtext in Baden-Württemberg (Art. 2 I) und Niedersachsen (Art. 3 II) insofern weniger eindeutig ist und eine Deutung als dynamische Verweisung nicht von vornherein ausschließt (vgl. *Stern*, Staatsrecht III/2 [Fn. 10], S. 1439 ff.).

[14] Diese Lehre wurde primär für inhaltsgleiche Landesgrundrechte entwikkelt und im Wege eines „erst-recht-Schlusses" auf die rezipierten Grundrechte übertragen. Vgl. vor allem *W. Geiger*, Die Bundesverfassungsgerichtsbarkeit in ihrem Verhältnis zur Landesverfassungsgerichtsbarkeit und ihre Einwirkung auf die Verfassungsordnung der Länder, in: Festschrift Laforet, 1952, S. 251 ff. (259); *ders.*, DRiZ 1969, 137 (137); auch BVerfGE 22, 267 (271). Aus jüngerer Zeit *E. Denninger*, in: Alternativkommentar zum GG, 2. Aufl. 1989, Art. 142 Rn. 4; eher referierend *P. Kunig*, NJW 1994, 687 (688); *I. v. Münch*, in: ders./P. Kunig (Hrsg.), Grundgesetzkommentar, Bd. 3, 3. Aufl. 1996, Art. 142 Rn. 11.

[15] So die überwiegende Meinung: vgl. Nachweise bei *H. Dreier*, Einheit und Vielfalt der Verfassungsordnungen im Bundesstaat, in: K. Schmidt (Hrsg.), Vielfalt des Rechts – Einheit der Rechtsordnung?, 1994, S. 113 ff. (129); ferner *J. Dietlein*, AöR 120 (1995), 1 (12); *Stern*, Staatsrecht III/2 (Fn. 10), S. 1441, 1504; *Stiens*, Chancen (Fn. 6), S. 190.

[16] Ausnahme: Mecklenburg-Vorpommern (Art. 53 Nr. 6 LV), freilich nur für Verfassungsbeschwerden gegen Landes*gesetze*; vgl. dazu jüngst Meckl.-Vorp.VerfG DÖV 1999, 643. Im übrigen ist die Landesverfassungsbeschwerde nur unter Berufung auf die selbständigen Landesgrundrechte (Art. 6-10 LV) zulässig (Art. 53 Nr. 7 LV), dann aber subsidiär; vgl. noch Fn. 13, 23.

3. Prozessuale Komponente:
Instrument der Verfassungsbeschwerde

Was für das Verhältnis von Verfassung und Verfassungsgerichtsbarkeit allgemein gilt: daß jene ohne diese weder volle Wirksamkeit noch prägende Kraft für das Staats- und Verfassungsleben entfalten kann, das trifft auch für das Verhältnis von Grundrechten und der Möglichkeit der Verfassungsbeschwerde zu. Erst dieser außerordentliche Rechtsbehelf trägt entscheidend zur Effektivierung der Kontrolle des staatlichen Handelns auf seine Verfassungsmäßigkeit bei, weil er die Bürger selbst instandsetzt, verfassungsgerichtliche Kontrolle im Falle einer (behaupteten) Grundrechtsverletzung zu veranlassen[17]. Damit ist im Vergleich zu anderen Verfassungsrechtsstreitigkeiten der Kreis der „Antragsteller" dramatisch erweitert. Es gilt der Satz: wo keine Landesverfassungsbeschwerde, da kein ausgeprägter, breitenwirksamer Grundrechtsschutz durch Landesverfassungsgerichte[18].

Freilich haben längst nicht alle Länder, die Landesgrundrechte garantieren, den naheliegenden Schritt vollzogen und die Möglichkeit einer Individualverfassungsbeschwerde vorgesehen.

a) Daß dort, wo man keine eigenen, sondern nur die vom Grundgesetz rezipierten Grundrechte kennt (Baden-Württemberg, Niedersachsen, Nordrhein-Westfalen), die Möglichkeit der Landesverfassungsbeschwerde fehlt, überrascht indes kaum. Zwar ist dies nicht zwingend: da es sich nach richtiger Auffassung entgegen der sog. Identitätslehre um eigenständige Landesgrundrechte handelt, wäre es durchaus möglich, ihre Durchsetzung mit der Verfassungsbeschwerde der Bürger zu ermöglichen. Aber die Ausschaltung dieser Möglichkeit ist naheliegend: denn wenn schon der Landesverfassunggeber in sei es statischer, sei es dynamischer Verweisung ausdrücklich die Grundrechte des Grundgesetzes für die Landesstaatsgewalt als verbindlich erklärt (und damit die durch Art. 1 III GG ohnehin ausgesprochene Verpflich-

---

[17] Dazu in bezug auf die Ebene des Grundgesetzes *Schlaich*, Bundesverfassungsgericht (Fn. 4), Rn. 195 ff.; ferner *C. Gusy*, Die Verfassungsbeschwerde, 1988, Rn. 15 f.; *B. Pieroth/B. Schlink*, Grundrechte. Staatsrecht II, 15. Aufl. 1999, Rn. 1117; *P. Häberle*, JöR 45 (1997), 89 (112 ff.).

[18] Vgl. *W. Graf Vitzthum*, Zur Bedeutung gliedstaatlichen Verfassungsrechts in der Gegenwart, VVDStRL 46 (1988), S. 7 ff. (36): „ohne Landesverfassungsbeschwerde keine kreative Landesgrundrechtsprechung"; ähnlich *D. Franke*, Verfassungsgerichtsbarkeit der Länder – Grenzen und Möglichkeiten, in: Festschrift Mahrenholz, 1994, S. 923 ff. (925); *Stern*, Aufschwung (Fn. 4), S. 246.

tungswirkung nur wiederholt)[19], dann liegt nahe, daß er damit auch eine Bindung an die authentische Auslegung durch das Bundesverfassungsgericht erreichen will und keinen weitergehenden Ehrgeiz zu eigenständiger Fortbildung der Grundrechtsjudikatur entwickelt. Mehr verwundert da schon, daß der Stadtstaat Bremen zwar über einen eigenen Grundrechtskatalog verfügt, aber seinen Bürgern die individuelle Beschwerdemöglichkeit versagt[20]. Hier wird die eigentliche „Pointe" der Landesgrundrechte im Grunde verfehlt.

b) Nun ist nicht zu übersehen, daß eine auf Landesgrundrechte bezogene Spruchtätigkeit und damit ein von den Landesverfassungsgerichten zumindest mittelbar ausgehender Grundrechtsschutz nicht zwingend an die Existenz einer Individualverfassungsbeschwerde gebunden, sondern ebenso auf Grundlage der – sei es abstrakten, sei es konkreten – Normenkontrolle möglich ist, da zum verfassungsrechtlichen Prüfungsmaßstab auch die Landesgrundrechte gehören. Demgemäß finden sich in der verfassungsgerichtlichen Judikatur Baden-Württembergs, Bremens, Nordrhein-Westfalens und auch derjenigen von Rheinland-Pfalz bis zum Jahr 1992 (Einführung der Landesverfassungsbeschwerde) zuweilen Ausführungen zu Grundrechtsgewährleistungen, vor allem im Bereich des Schul- und Hochschulrechts, also originärer Landesmaterien[21]. Freilich zeigt sich, daß hier an Umfang und Intensität nur sehr geringe, häufig bereits Jahrzehnte zurückliegende Aktivitäten zu verzeichnen sind. Die Anzahl der Fälle liegt niedrig, die verfassungsrechtliche Ausbeute ist dürftig, die Originalität der Ausführungen tendiert gegen Null[22].

---

[19] Zur Bindungswirkung des Art. 1 III GG für die gesamte Staatsgewalt einschließlich derjenigen der Länder vgl. *H. Dreier*, in: ders. (Hrsg.), Grundgesetz-Kommentar, Bd. 1, 1996, Art. 1 III Rn. 23.

[20] Vgl. *A. Rinken*, JöR 42 (1994), 327 (393 f.); konsequentes Plädoyer für die Einführung der Verfassungsbeschwerde bei *P. Häberle*, JZ 1998, 57 (65). – Letztlich ist die Bremer Rechtslage nur historisch zu verstehen, da dort der Grundrechtskatalog von den Amerikanern „verordnet" wurde, ohne die prozessuale Vorprägung durch das vormalige Hanseatische Oberlandesgericht, das als „Verfassungsgericht" für Hamburg, Lübeck und Bremen fungierte (Erstattung von Rechtsgutachten, Organstreitigkeiten), ebenfalls entscheidend zu verändern; zur Genese des Staatsgerichtshofs *A. Kessler*, Die Entstehung der Landesverfassung der Freien Hansestadt Bremen, 1996, S. 231, 264 f.

[21] Übersicht bei *Tjarks*, Bedeutung (Fn. 11), S. 177 ff.; zu Bremen *A. Rinken*, JöR 42 (1994), 325 (393 f.).

[22] Vgl. *O. Bachof*, VVDStRL 46 (1988), 141 ff. (Diskussionsbemerkung); *Tjarks*, Bedeutung (Fn. 11), S. 185 f.

So bleibt es also dabei: Auf der Grundlage einer förmlichen Landesverfassung bedarf es des Dreiklanges der Institutionalisierung eines
Landesverfassungsgerichts, der Installation von Grundrechten sowie
des Instrumentes der Landesverfassungsbeschwerde, damit „Grundrechtsschutz durch Landesverfassungsgerichte" zu einem praktisch bedeutsamen Thema werden kann. Diese voraussetzungsvolle Konstellation treffen wir heute in einer stattlichen Anzahl von Ländern an (wo-
bei Subsidiaritäts- und Alternativitätsregeln im folgenden ebenso außer
Betracht bleiben wie die Beschränkung der Verfassungsbeschwerde auf
Landesgesetze[23]): in den fünf neuen Bundesländern, in Berlin, Rheinland-Pfalz, dem Saarland und – wie schon seit jeher – in Bayern[24] und
Hessen[25]. Aufschlußreich ist insofern, wie der Befund Mitte der 80er
Jahre ausgesehen hätte[26]. Nur die drei letztgenannten Länder wären als
Kandidaten überhaupt in Betracht gekommen; mit Aussicht auf Ertrag
hätte man das Thema wohl nur in Bayern, bestenfalls noch in Hessen
traktieren können[27]. Nach der deutschen Wiedervereinigung aber hat
nicht nur der Föderalismus im allgemeinen eine Renaissance erfahren;
auch und gerade die selbstbewußte Einrichtung von Landesverfassungsgerichten, die Aufnahme eigener Grundrechte in die Landesverfassungen und deren „Bewehrung" mit dem Instrument der Indivi-

---

[23] Subsidiär ist die Landesverfassungsbeschwerde im Saarland (Art. 97 Nr. 4
LV; § 55 III VGHG) und in Mecklenburg-Vorpommern (Art. 53 Nr. 7 LV). Ein
Alternativitätsverhältnis besteht in Brandenburg (Art. 6 II, 113 Nr. 4 LV) und
Berlin (Art. 84 II Nr. 5 LV); zur Rechtmäßigkeit der letztgenannten Klauseln C.
Pestalozza, DVBl. 1993, 1063 (1068). Eine Sonderregel für die Verfassungsbe-
schwerde gegen Landesgesetze findet sich außer in Mecklenburg-Vorpommern
(vgl. Fn. 16) noch in Sachsen-Anhalt (Art. 75 Nr. 6 LV).
[24] Zwar richtet sich die Verfassungsbeschwerde nach Art. 66, 120 BayVerf.
nicht gegen Gesetze, doch ist hier der Weg der Popularklage eröffnet (Art. 98
S. 4 BayVerf.), die über ein funktionales Äquivalent zur Verfassungsbeschwerde
noch hinausgeht, da der Kreis der Antragsteller erweitert ist; dazu H. Domcke,
Die bayerische Popularklage, in: Starck/Stern, Landesverfassungsgerichtsbarkeit (Fn. 6), Bd. 2, 1983, S. 231 ff.
[25] Dort üblicherweise „Grundrechtsklage" genannt (Art. 131 HessVerf.),
ohne daß aus dieser terminologischen Differenz sachliche Unterschiede folgten;
vgl. dazu E. Schumann, Verfassungsbeschwerde (Grundrechtsklage), in: Starck/
Stern, Landesverfassungsgerichtsbarkeit (Fn. 6), Bd. 2, 1983, S. 149 ff. (157, 186 f.).
[26] Vgl. hierzu auch die tabellarische Übersicht am Ende dieses Heftes.
[27] So auch die Einschätzung von Schumann, Verfassungsbeschwerde (Fn.
25), S. 180 ff., 191; B. Lemhöfer, NJW 1996, 1714 (1714); Stern, Aufschwung
(Fn. 4), S. 242. Bezeichnenderweise liegen bislang nur für Bayern (Leisner,
Grundrechte [Fn. 11]) und Hessen (D. Schrodt, Die Rechtsprechung des Staatsgerichtshofs zu den Grundrechten der Hessischen Verfassung, Diss. jur. Frank-
furt/M. 1984) einschlägige Monographien vor.

dualverfassungsbeschwerde haben dem Landesverfassungsrecht in Ge-
samtdeutschland einen bedeutsamen Entwicklungsschub vermittelt.
Denn durch die Verfassungsbewegung in den neuen Ländern wurde ja
auch die Verabschiedung neuer Verfassungen etwa in Niedersachsen
und Schleswig-Holstein oder die Überarbeitung und Ergänzung alter
Verfassungen wie etwa in Rheinland-Pfalz (Einführung der Verfassungsbeschwerde 1992) wenn nicht überhaupt erst angestoßen, so doch
entscheidend befördert[28]. Konnte Otto Bachof, immerhin seinerzeit
selbst Mitglied des baden-württembergischen Staatsgerichtshofes, in
den 60er Jahren noch mit der ihm eigenen souveränen Offenheit fragen, ob die Landesverfassungsgerichte nicht mangels Entscheidungs-
masse eigentlich überflüssig seien, um nur Bayern ausdrücklich auszu-
nehmen[29] – so finden wir heute solcherart bayerische Verhältnisse in einer stattlichen Reihe von Bundesländern vor. Die gesteigerte Bedeutung der Landesverfassungsgerichte, ihr Aufschwung wie derjenige der
Landesverfassungsbeschwerde, kann dabei mit Fug und Recht als ein
echter „Aufschwung Ost" apostrophiert werden.

III. Fortbestand der Landesgrundrechte
gemäß Art. 142 GG

Auch wenn nun also auf der Ebene der Länder die Möglichkeit vorgesehen ist, mit dem Mittel der Individualverfassungsbeschwerde gegen die (behauptete) Verletzung von Landesgrundrechten vorzugehen,
so bleibt noch zu klären, in welchem Umfang diese tatsächlich zum
Prüfungsmaßstab für die Landesverfassungsgerichte werden können.

Prüfungsmaßstab kann zunächst, das sollte als selbstverständlich
gelten, nur das Landesverfassungsrecht sein. Es geht nicht an, Grundrechte der Bundesverfassung im Wege der Interpretation zu solchen
der Landesverfassung zu erklären, ohne daß der Landesverfassunggeber die Rezeption der Bundesgrundrechte insgesamt oder eines von ih-

---

[28] *Stern*, Aufschwung (Fn. 4), S. 247 ff.; *K.-G. Zierlein*, AöR 120 (1995), 205
(208 f.); speziell für Niedersachsen *U. Berlit*, NVwZ 1994, 11 (11 f., 17); *C.
Starck*, NdsVBl. 1994, 2 (2 Fn. 3, 3 f.); für Rheinland-Pfalz *C. Gusy/A. Müller*,
JöR 45 (1997), 509 (511, 513). Allgemein zu Einwirkungen der neuen auf die al-
ten Bundesländer *P. Häberle*, JöR 42 (1994), 149 (195 ff.).
[29] Vgl. *O. Bachof*, Der Staatsgerichtshof für das Land Baden-Württemberg,
in: Festschrift Eduard Kern, 1968, S. 1 ff. (2 f.).

nen ausdrücklich angeordnet hat[30]. Aber umgekehrt ist durchaus eine föderale Bindung vorhanden. Denn bei der Normierung von Grundrechten ist der Landesverfassunggeber im Bundesstaat nicht frei; vielmehr muß er seine Regelungen in den vorgegebenen bundesverfassungsrechtlichen Rahmen einpassen. Der Geltungsanspruch von Landesgrundrechten ist so in gewissem Umfang abhängig von gesamtstaatlichen Regelungen, die Aussagen über ihren (Fort-)Bestand und ihre Reichweite treffen. Das Grundgesetz sieht hier neben dem Homogenitätsgebot für den Bereich der Landesgrundrechte mit Art. 142 GG eine spezielle, aber durchaus nicht einfach zu interpretierende Norm vor.

1. Verhältnis zu Art. 31 GG

Schwierigkeiten bereitet bereits der Status der Norm. Entstehungsgeschichte, Wortlaut und systematische Stellung weisen Art. 142 GG als eine Sonderregelung aus: für den hier erfaßten Bereich sollten im Verhältnis zu Art. 31 GG andere Rechtsfolgen gelten. Das verdankte sich dem Umstand, daß man sich im Parlamentarischen Rat an der Weimarer Staatsrechtsdoktrin orientierte, derzufolge auch gleichlautendes Landesrecht durch Reichsrecht gebrochen wurde. Doch dieses Verständnis von Art. 31 GG ist längst nicht mehr aktuell, herrschend mittlerweile vielmehr die Auffassung, daß gleichlautendes Landes(verfassungs)recht bestehen bleibt, da insofern kein Normenwiderspruch vorliegt, der durch eine Kollisionsnorm wie Art. 31 GG aufgelöst werden soll[31]. Art. 142 GG ist insofern nicht mehr Ausnahme von der Regel, sondern Ausdruck der Regel[32]. Doch folgt daraus nicht, daß Art. 142 GG funktionslos oder gar obsolet geworden sei. Die fehlende Notwendigkeit – zumal diese sich erst einer veränderten Interpretationslage verdankt! – führt nicht zum Wegfall normativer Verbindlichkeit[33]. Art. 142 GG ist nach wie vor Spezialnorm für die Weitergeltung von Landesgrundrechten, bekräftigt damit das Recht der Länder zur Landesverfassunggebung im Hinblick auf Grundrechtskataloge und

---

[30] So aber BerlVerfGH NJW 1993, 515 (516 f.) in bezug auf Art. 1 I GG (Menschenwürde); dagegen zu Recht die Kritik von *C. Pestalozza*, NVwZ 1993, 340 (341 ff.); *C. Starck*, JZ 1993, 231 (231, 233 f.); *J. Berkemann*, NVwZ 1993, 409 (412 f.).

[31] Vgl. im einzelnen *Dreier* (Fn. 2), Art. 31 Rn. 7 ff., 31 ff., 40 f. m.w.N.; zu ergänzen ist *K.-G. Zierlein*, AöR 120 (1995), 205 (221).

[32] So die treffende Formulierung von *W. März*, Bundesrecht bricht Landesrecht, 1989, S. 195.

[33] Richtig *Stern*, Staatsrecht III/2 (Fn. 10), S. 1464.

gibt schließlich einen wichtigen Hinweis für die Deutung des Art. 100 III GG[34].

2. Sachlicher und zeitlicher Einzugsbereich

Besonderheiten weist Art. 142 GG auch bezüglich seines thematischen Einzugsbereiches auf[35]. Denn obwohl der Normtext anderes nahelegen könnte, erstreckt sich seine Geltung nach weitgehend unangefochtener Auffassung nicht allein auf bei Inkrafttreten des Grundgesetzes bereits existierende landesrechtliche Regelungen, sondern auch auf nachkonstitutionelle Landesverfassungen einschließlich derjenigen der neuen Bundesländer. Und schließlich dementiert diese interessante Vorschrift die weitverbreitete Meinung, der Wortlaut einer Norm markiere stets die Grenze ihrer Auslegung: denn ungeachtet des Umstandes, daß hier von der „Übereinstimmung mit den Artikeln 1 bis 18 dieses Grundgesetzes" die Rede ist, sind damit wiederum nach ganz h.M. auch die sog. grundrechtsgleichen Rechte des Grundgesetzes (vgl. Art. 93 I Nr. 4a GG) sowie – das wird zumeist nicht näher gewürdigt – Bestimmungen über die Grundrechtsfähigkeit juristischer Personen erfaßt.

3. Drei Typen von Landesgrundrechten

Doch lassen wir diese Nebenkriegsschauplätze beiseite. In erster Linie relevant und streitig ist bei Art. 142 GG nämlich, welche landesverfassungsrechtlichen Grundrechtsgewährleistungen hierdurch ihre Geltung verlieren, also – sei es unmittelbar durch Art. 142 GG, sei es durch Art. 31 GG – derogiert werden. Drei Konstellationen lassen sich auffächern: die parallelen oder identischen Landesgrundrechte (dazu a); die sog. Mindergewährleistungen (dazu b) und die Mehrgewährleistungen, zu denen ich auch die aliud-Regelungen rechne (dazu c).

---

[34] Zu den beiden letzten Punkten *H. Maurer*, Verfassungsrecht, in: ders./R. Hendler (Hrsg.), Baden-Württembergisches Staats- und Verwaltungsrecht, 1990, S. 27 ff. (32); *Bethge* (Fn. 11), § 85 Rn. 23.

[35] Zum folgenden Passus *Dreier*, Einheit (Fn. 15), S. 128 f. m.w.N.; zu ergänzen: *J. Pietzcker*, Zuständigkeitsordnung und Kollisionsrecht im Bundesstaat, in: HStR IV, 1990, § 99 Rn. 42; *J. Dietlein*, Jura 1994, 57 (58 f.); *Stern*, Staatsrecht III/2 (Fn. 10), S. 1460 f.; *S. Storr*, Verfassunggebung in den Ländern, 1995, S. 221 f., 224 f.; *P.M. Huber*, in: M. Sachs (Hrsg.), Grundgesetz, 2. Aufl. 1999, Art. 142 Rn. 6; engeres Normverständnis bei *C. Pestalozza*, Art. 142. Landesverfassungsbeschwerde nach Karlsruher Regie?, in: P. Macke (Hrsg.), Verfassung und Verfassungsgerichtsbarkeit auf Landesebene, 1998, S. 245 ff. (251 ff.).

a) Parallele (auch: „identische") Grundrechte

Keinem Zweifel kann unterliegen, daß sich „in Übereinstimmung" mit den Grundrechten des Grundgesetzes diejenigen Landesgrundrechte befinden, die qua Rezeption übernommen wurden[36]. Auch wortgleiche Wiederholungen von bundesverfassungsrechtlichen Bestimmungen machen keine Probleme. Schwieriger wird die Lage aber sogleich, wenn das Landesgrundrecht in einem bestimmten Aspekt enger, in einem anderen aber weiter gefaßt ist als sein grundgesetzliches Pendant. Die von Laforet stammende, zur Umschreibung der Übereinstimmung weitverbreitete Formel, es müsse sich um eine Regelung „in gleichem Sinne, mit gleichem Inhalt und in gleichem Umfang"[37] handeln, hilft da nur wenig weiter. Denn wenn man mit der ganz h.M. akzeptiert, daß es für die Übereinstimmung i.S.d. Art. 142 GG nicht auf Textgleichheit, sondern auf Inhaltsgleichheit der Schutzwirkung ankommt[38], so ergeben sich wegen des notwendigen Bezuges auf die drei Elemente jeder Grundrechtsgewährleistung (erstens: Grundrechtsträgerschaft oder personeller Geltungsbereich; zweitens: Schutzbereich oder sachlicher Geltungsbereich; drittens: Beschränkungsmöglichkeiten) vielfältige Konstellationen und Kombinationen. Das führt zu diffizilen und letztlich abstrakt kaum lösbaren Problemen bei der Beantwortung der Frage, wann Übereinstimmung im Sinne sachlicher Identität trotz abweichenden Wortlautes angenommen werden kann. Gesteigert werden die Schwierigkeiten noch dadurch, daß man zusätzlich zwischen potentieller Einschränkbarkeit und aktueller Einschränkung von Grundrechten unterscheiden sowie die prozessuale Dimension, also Zugangsschranken zu Verfassungsgerichten und deren unterschiedliche Prüfungsintensität, berücksichtigen muß. Die Möglichkeiten (bundes)verfassungskonformer Auslegung und Teilnichtigkeit komplizieren das Bild zusätzlich[39].

---

[36] Vgl. zu Baden-Württemberg, Niedersachsen und Nordrhein-Westfalen S. 11 mit Fn. 13.

[37] *W. Laforet*, Hauptausschuß, 6. Sitzung v. 19.11.1948, in: Parlamentarischer Rat, Verhandlungen des Hauptausschusses, Sten. Bericht, 1949, S. 75. Laforet bezog sich hier freilich auf Art. 31 GG, was in der Literatur nur selten vermerkt wird. Die Berufung auf diese Formel ist annähernd ubiquitär (*E.-W. Böckenförde/R. Grawert*, DÖV 1971, 119 [121]; *J. Dietlein*, Jura 1994, 57 [59]; *Stern*, Staatsrecht III/2 [Fn. 10], S. 1458) und spiegelt sich auch in BVerfGE 96, 345 (Leitsatz 1).

[38] Vgl. *Dreier*, Einheit (Fn. 15), S. 130 f.; *Stern*, Staatsrecht III/2 (Fn. 10), S. 1458, jeweils m.w.N.

[39] Die landesverfassungsgerichtliche Judikatur neigt ohnehin – möglicherweise deswegen, um die „Übereinstimmung" bejahen zu können – dazu, das

b) Mindergewährleistungen
(auch: „zurückbleibende" oder „hinkende" Grundrechte)

Einer Lösung bedürften diese schwierigen Probleme indes nur dann, wenn landesverfassungsrechtliche Mindergewährleistungen durch Art. 142 (bzw. Art. 31) GG derogiert würden. Zwar wurde dies lange Zeit in der Literatur überwiegend angenommen[40]; mittlerweile jedoch hat sich weitgehend die Gegenmeinung durchgesetzt, wonach bei Mindergewährleistungen ein Normenwiderspruch, der durch eine Kollisionsnorm aufzulösen wäre, überhaupt nicht vorliegt[41]. Dem hat sich nunmehr auch das Bundesverfassungsgericht ausdrücklich angeschlossen[42]. In der Tat sprechen gleich mehrere gute Gründe für diese nunmehr faktisch herrschende Auffassung. Zum einen haben wir es gar nicht mit einem Kollisionsfall zu tun, da es an unvereinbaren Normbefehlen mangelt; denn wegen der direkt aus Art. 1 III GG folgenden unmittelbaren Bindung der Landesstaatsgewalt gelangen die weiterreichenden Bundesgrundrechte zur Anwendung, so daß ein Grundrechtsdefizit nicht auftreten kann und der vielbeschworene Mindeststandard nicht unterschritten wird; und ein gegenläufiger unvereinbarer landesverfassungsrechtlicher Normbefehl, den weitergehenden bundesverfassungsrechtlichen Grundrechtsschutz zu unterlassen, liegt nicht vor. Zum zweiten vermeidet diese Lesart Unsicherheiten über die

---

Schrankenregime des Grundgesetzes in seiner bundesverfassungsgerichtlichen Ausprägung zu übernehmen. Zur Kritik *Leisner*, Grundrechte (Fn. 11), S. 93 ff.; s. auch *Vitzthum*, Bedeutung (Fn. 18), S. 35 ff.; illustrativ *P.J. Tettinger*, Die politischen und kulturellen Freiheitsrechte der Landesverfassungen in der Rechtsprechung der Landesverfassungsgerichte, in: Starck/Stern, Landesverfassungsgerichtsbarkeit (Fn. 6), Bd. 3, 1983, S. 271 ff. (277, 289 f.). Zur weitgehenden Loslösung des BayVerfGH von der allgemeinen Schrankenklausel des Art. 98 Satz 2 BayVerf. vgl. *T. Meder*, Die Verfassung des Freistaates Bayern, 4. Aufl. 1992, Art. 98 Rn. 1 c.

[40] Nachweise bei *Dreier*, Einheit (Fn. 15), S. 133 Fn. 105; zu ergänzen sind *H. Quaritsch*, Der grundrechtliche Status der Ausländer, in: HStR V, 1992, § 120 Rn. 4; *Stern*, Staatsrecht III/2 (Fn. 10), S. 1476; *J. Dietlein*, Jura 1994, 57 (59 f.); *Pestalozza*, Art. 142 (Fn. 35), S. 248 f. – In diese Richtung auch BVerfGE 42, 312 (325).

[41] *Leisner*, Grundrechte (Fn. 11), S. 21; *v. Olshausen*, Landesverfassungsbeschwerde (Fn. 5), S. 121 f.; *H.-U. Gallwas*, JA 1981, 536 (540 f.); *F.O. Kopp*, Die Grundrechte der deutschen Landesverfassungen, in: R. Novak/B. Sutter/G.D. Hasiba (Hrsg.), Der Föderalismus und die Zukunft der Grundrechte, 1982, S. 51 ff. (58); *M. Sachs*, DÖV 1985, 469 (474 ff.); *März*, Bundesrecht (Fn. 32), S. 199 ff.; *Maurer*, Verfassungsrecht (Fn. 34), S. 32; *Pietzcker* (Fn. 35), § 99 Rn. 45 ff.; *Dreier*, Einheit (Fn. 15), S. 132 ff.; *U. Berlit*, KritJ 28 (1995), 269 (274); *Huber* (Fn. 35), Art. 142 Rn. 10.

[42] BVerfGE 96, 345 (365 f., 368).

ansonsten höchst diffizile und folgenschwere Frage der Fortgeltung von partiell weiterreichenden, partiell enger gefaßten Landesgrundrechten[43]. Drittens ist hierdurch die Erhaltung eines zusätzlichen Rechtsweges garantiert, der sich angesichts der chronischen Überlastung des Bundesverfassungsgerichts und der vielfältigen prozessualen Hürden auch bei vermeintlich engeren Grundrechten als der effektivere und rechtsschutzintensivere erweisen kann; zudem ist, wie in den letzten Jahren Art. 13 und 16a GG zeigen, nicht ausgeschlossen, daß das engere Landesgrundrecht von heute wegen Veränderungen auf Grundgesetz-Ebene zum weiteren von morgen wird. Schließlich schont diese Auslegung die Verfassungsautonomie der Länder und bewahrt deren Grundrechtskonzeption vor punktueller Durchlöcherung.

Das heißt also: auch Landesgrundrechte, die einen engeren sachlichen oder personellen Umfang ihres Schutzbereiches oder weitergehende Einschränkungsmöglichkeiten vorsehen, befinden sich „in Übereinstimmung" mit den Bundesgrundrechten gemäß Art. 142 GG.

c) Mehrgewährleistungen (auch: „überschießende" Grundrechte)

Zu diesem Ergebnis gelangt man ganz überwiegend auch bei der dritten Konstellation, den sog. Mehrgewährleistungen[44]. Wenn das Grundgesetz nur einen gewissen grundrechtlichen „Mindeststandard"[45] garantieren wollte, steht einer darüber hinausgehenden Bindung der Landesstaatsgewalt durch weiterreichende Landesgrundrechte allem Anschein nach prinzipiell nichts im Wege. In der Tat: warum sollten die Länder nicht berechtigt sein, ein „Mehr an Freiheit" zu bieten?

---

[43] Zu den Problemen andeutungsweise oben S. 19.

[44] Nachweise bei *J. Dietlein*, Die Grundrechte in den Verfassungen der neuen Bundesländer, 1993, S. 49 ff.; zu ergänzen sind *H. v. Mangoldt/F. Klein/A. Frhr. v. Campenhausen*, Das Bonner Grundgesetz, 3. Aufl., Bd. XIV, 1991, Art. 142 Rn. 7; *W. Kanther*, Die neuen Landesverfassungen im Lichte der Bundesverfassung, Diss. jur. Köln 1993, S. 131 ff.; *Stern*, Staatsrecht III/2 (Fn. 10), S. 1472 ff.; *K.-G. Zierlein*, AöR 120 (1995), 205 (223).

[45] Den Gedanken des Mindeststandards artikulierte *C. Schmid*, Hauptausschuß, 6. Sitzung (Fn. 37), S. 75 f.; vgl. noch *Laforet*, ebd., S. 75; *ders.*, Hauptausschuß, 20. Sitzung v. 7.12.1948, a.a.O., S. 236. – Der ‚Mindest'standard wird in der Literatur auch als Argument gegen das Fortbestehen von Mindergewährleistungen gebraucht, obwohl er im Parlamentarischen Rat nur auf weiterreichende Landesgrundrechte bezogen wurde; vgl. dazu *M. Sachs*, DÖV 1985, 469 (473); kritisch zum Bezug auf die Entstehungsgeschichte bezüglich der Mindeststandardlehre *Vitzthum*, Bedeutung (Fn. 18), S. 32 m. Fn. 91; einschränkend auch *Kanther*, Landesverfassungen (Fn. 44), S. 131.

Aber individuelle Freiheit ist nicht beliebig maximierbar, ohne die Rechtssphäre Dritter oder Rechtsgüter der Allgemeinheit (hinter denen oft genug wieder grundrechtsgeschützte Individualinteressen stehen) zu berühren und möglicherweise zu verletzen. Nicht von ungefähr wurde in der Diskussion um die Landesgrundrechte schon recht früh darauf hingewiesen, daß der grundrechtliche Minimalstandard zugleich den Maximalstandard bezeichnen kann, wenn ihm Abwägungsentscheidungen zwischen verschiedenen Grundrechtsträgern zugrundeliegen[46]. Angesichts der heute weithin anerkannten und entfalteten Geltung objektiv-rechtlicher Grundrechtsgehalte (vor allem der Schutzpflichten) sowie der hohen Normierungsdichte werden derartige Kollisionen wohl tendenziell eher die Regel als die Ausnahme sein, zumal sich auch scheinbar rein abwehrrechtliche Konstellationen bei näherem Hinsehen als hochkomplexe, mehrdimensionale und ausgleichsbedürftige Grundrechtslagen darstellen[47]. Damit soll nicht gesagt sein, daß Mehrgewährleistungen stets und ausnahmslos an die Grenze der Bundesgrundrechte in ihren verschiedenen subjektiv- und objektivrechtlichen Ausprägungen stoßen: ein Land kann möglicherweise die personelle Beschränkung auf Deutsche aufheben und entgegen dem grundgesetzlichen Verständnis auch juristische Personen einbeziehen[48], kann statt eines einfachen Gesetzesvorbehalts einen qualifizierten vorsehen, Prozeßrechte von Angeklagten oder Parteien stärken etc. Doch bleibt festzuhalten, daß die oft und gern behauptete Zulässigkeit landesverfassungsrechtlicher Mehrgewährleistungen in dieser Pauschalität nicht aufrechtzuerhalten ist.

4. Vorläufiges Ergebnis

Hält man sich an diese, cum grano salis der h.M. entsprechenden Gesamtlinie (keine Brechung von parallelen Landesgrundrechten oder Mindergewährleistungen, genaue Prüfung bei Mehrgewährleistungen), so bleibt für Grundrechtsschutz durch Landesverfassungsgerichte vergleichsweise breiter Raum. Die Landesgrundrechte können weithin ungeschmälert als Prüfungsmaßstab bei der landesverfassungsgerichtlichen Kontrolle der Akte der Landesstaatsgewalt in Anschlag gebracht

---

[46] E.-W. Böckenförde/R. Grawert, DÖV 1971, 119 (121).
[47] Dazu näher und mit Fallbeispielen Dreier, Einheit (Fn. 15), S. 139 ff.
[48] Die Grenzen illustriert BVerfGE 97, 298 (314 f.): die landesverfassungsrechtliche Begründung der Grundrechtsträgerschaft der Landesmedienanstalt (Art. 111a BayVerf.) findet ihre Grenze in den Bundesgrundrechten der privaten Rundfunkveranstalter (Art. 5 I 2 GG).

werden, da sie – abgesehen von möglichen Einschränkungen bei den Mehrgewährleistungen – ungebrochen in Geltung bleiben. Noch wichtiger ist freilich, daß bei der Interpretation und Anwendung der solcherart fortbestehenden Landesgrundrechte die Landesverfassungsgerichte nicht an jene des Bundesverfassungsgerichts gebunden sind. § 31 BVerfGG greift nicht ein[49]. Bei andersartigen, im Grundgesetz keine Parallele findenden Landesgrundrechten ergibt sich das von selbst. Freiheit und Freiraum genießen die Landesverfassungsgerichte aber auch bei den wortlautidentischen Landesgrundrechten und nicht minder bei den rezipierten Bundesgrundrechten, da es sich, was nochmals betont sei, insofern um eigene Landesverfassungsnormen handelt. Die wichtigste prozessuale Konsequenz besteht darin, daß bei einer Auslegung eines Landesgrundrechts, die von der Auslegung des grundgesetzlichen Pendants durch das Bundesverfassungsgericht abweicht, kein Vorlagefall gemäß Art. 100 III GG gegeben ist[50]. Wollte man eine

---

[49] Vgl. *Kopp*, Grundrechte (Fn. 41), S. 56; *Stiens*, Chancen (Fn. 6), S. 190; *Pestalozza*, Art. 142 (Fn. 35), S. 266 Anm. 25; für inhaltsgleiche Grundrechte auch *H. Domcke*, Zur Fortgeltung der Grundrechte der Bayerischen Verfassung, in: Festschrift 25 Jahre Bayerischer Verfassungsgerichtshof, 1972, S. 311 ff. (327); *T. Maunz*, in: ders./G. Dürig (Hrsg.), Grundgesetz, Art. 142 (1976), Rn. 22; für rezipierte Grundrechte ausdrücklich *Maurer*, Verfassungsrecht (Fn. 34), S. 54. – S. auch die folgende Fußnote.

[50] Das war und ist eine ebenso schwierige wie umstrittene Frage. Im Kern wie hier *K. Stern*, in: Bonner Kommentar zum Grundgesetz, Art. 100 (1967), Rn. 304; *H. Tilch*, Inhaltsgleiches Bundes- und Landesverfassungsrecht als Prüfungsmaßstab, in: Starck/Stern, Landesverfassungsgerichtsbarkeit (Fn. 6), Bd. 2, 1983, S. 551 ff. (561 f.); *Pestalozza*, Verfassungsprozeßrecht (Fn. 6), § 15 Rn. 1 (S. 223); *J. Rozek*, Das Grundgesetz als Prüfungs- und Entscheidungsmaßstab der Landesverfassungsgerichte, 1993, S. 189; *Franke*, Verfassungsgerichtsbarkeit (Fn. 18), S. 938 f. – Für Vorlagepflicht bei *inhaltsgleichen* Grundrechten: BerlVerfGH NJW 1993, 513 (514); *W. Geiger*, DRiZ 1969, 137 (138); *E. Friesenhahn*, Zur Zuständigkeitsabgrenzung zwischen Bundesverfassungsgerichtsbarkeit und Landesverfassungsgerichtsbarkeit, in: Festgabe 25 Jahre Bundesverfassungsgericht, Bd. 1, 1976, S. 748 ff. (798); *G. Ulsamer*, in: Maunz, Bundesverfassungsgerichtsgesetz (Fn. 11), § 80 (1985), Rn. 25; *J. Rühmann*, in: D.C. Umbach/C. Clemens (Hrsg.), Bundesverfassungsgerichtsgesetz, 1992, § 85 Rn. 34 ff.; *K.-G. Zierlein*, AöR 120 (1995), 205 (237 ff.); *v. Münch* (Fn. 11), Art. 142 Rn. 12; *Schlaich*, Bundesverfassungsgericht (Fn. 4), Rn. 334 f. (S. 235). – Für Vorlagepflicht bei *rezipierten* Grundrechten: *W. Löwer*, Zuständigkeiten und Verfahren des Bundesverfassungsgerichts, in: HStR II, 1987, § 56 Rn. 126; *Pietzcker* (Fn. 35), § 99 Rn. 58; *Stern*, Staatsrecht III/2 (Fn. 10), S. 1507 f. – Ganz eigener Ansatz bei *J. Burmeister*, Vorlagen an das Bundesverfassungsgericht nach Art. 100 Abs. 3 GG, in: Starck/Stern, Landesverfassungsgerichtsbarkeit (Fn. 6), Bd. 2, 1983, S. 399 ff. (421 ff., 457 ff.).

solche Vorlagepflicht bejahen, so wäre dies der Todesstoß für eine eigenständige – und d.h. zuweilen eben auch: eigensinnige – landesverfassungsgerichtliche Grundrechtsjudikatur. Denn worin besteht der eigentliche Sinn der Landesverfassungsgerichtsbarkeit im föderalen Gesamtsystem? Doch letztlich in nichts anderem als darin, föderale Vielfalt, also die raison d'être des Bundesstaates, auch im Grundrechtsbereich zu ermöglichen und zu praktizieren[51]; auch hier das konkurrierende und kompetitive Element, das für ein rechtes Verständnis von Föderalismus so zentral ist, zum Tragen zu bringen[52]; ferner aus dem mit der Institution der Landesverfassungsgerichte einschließlich des Instruments der Verfassungsbeschwerde gegebenen zusätzlichen „Rechtsweg" auch einen zweiten „Interpretationsweg" werden zu lassen[53]; damit einerseits der Eigenständigkeit und Verfassungsautonomie der Länder sachlichen Rückhalt zu geben, andererseits und zugleich aber auch dem ebenso übermächtigen wie überlasteten Bundesverfassungsgericht Anstöße für bestimmte Interpretationsalternativen zu geben und auf diese Weise auf der Suche nach der jeweils besten Lösung einen konstruktiven Grundrechtsdialog zu entwickeln[54]; also mit einem Wort: auch beim Grundrechtsverständnis und bei der Grundrechtsinterpretation Offenheit, Flexibilität, Alternativendenken zu gewährleisten und dogmatische Versteinerungen zu vermeiden[55].

An dieser Stelle könnte der Vortrag eigentlich enden – wenn nicht das Bundesverfassungsgericht in seiner mit Spannung erwarteten Grundsatzentscheidung im 96. Band über den vom Sächsischen Verfas-

---

[51] *Bethge* (Fn. 11), § 85 Rn. 26: „Föderalismus ist zu einem Gutteil Grundrechtspluralismus". Allgemein zur Eigenstaatlichkeit in diesem Kontext auch *Leisner*, Grundrechte (Fn. 11), S. 91 ff., 124; *N. Vaulont*, Grundrechte und bundesstaatliches Homogenitätsprinzip, Diss. jur. Bonn 1968, S. 108 f.; *R. Grawert*, NJW 1987, 2329 (2334 ff.); *J. Isensee*, Idee und Gestalt des Föderalismus im Grundgesetz, in: HStR IV, 1990, § 98 Rn. 80.

[52] Dazu *F. Hufen*, BayVBl. 1987, 513 (516 f.); *H.-P. Schneider*, DÖV 1987, 749 (753 ff.); *Isensee* (Fn. 51), § 98 Rn. 80; *Tjarks*, Bedeutung (Fn. 11), S. 129 f. (Alternativfunktion).

[53] Vgl. *J. Isensee*, VVDStRL 46 (1988), S. 123.

[54] Dazu *Kopp*, Grundrechte (Fn. 41), S. 57; *Leisner*, Landesverfassungsgerichtsbarkeit (Fn. 6), S. 191 ff.; *H. Bethge*, BayVBl. 1985, 257 (259); *J. Isensee*, SächsVBl. 1994, 28 (32); *P. Häberle*, JöR 45 (1997), 89 (106); *Tjarks*, Bedeutung (Fn. 11), S. 134 f. (Auslegungshilfe und Anstoßfunktion). – Das ist nicht mit Entlastung i.S. der Übernahme von Fällen zu verwechseln, die nach Art von „Länderkammern" zu bearbeiten sind; dazu noch unter IV.3 (= S. 34 ff.).

[55] In diesem Sinne *Stern* (Fn. 50), Art. 100 Rn. 266, 279; *v. Olshausen*, Landesverfassungsbeschwerde (Fn. 5), S. 155 f.; *Dreier*, Einheit (Fn. 15), S. 137 f.; *J. Isensee*, SächsVBl. 1994, 28 (32); *F. Wittreck*, DÖV 1999, 634 (642). – Für Beispiele s. *Stern*, Aufschwung (Fn. 4), S. 243 ff.

sungsgerichtshof unterbreiteten Vorlagebeschluß durch Formulierung der Leitsätze und bestimmte Passagen in der Begründung vieles vom eben Gesagten eventuell in Frage stellen würde. Untersuchen wir also abschließend, was der Beschluß von der Eigenständigkeit landesverfassungsgerichtlicher Grundrechtsjudikatur übrig läßt und wie dort die Weichen für die zukünftige Rolle der Landesverfassungsgerichtsbarkeit gestellt werden.

IV. Zur (Be-)Deutung von BVerfGE 96, 345

Der Beschluß des Zweiten Senats des Bundesverfassungsgerichts vom 15.10.1997 verlangt vor allem deswegen eine nähere Analyse und Deutung, weil seine Begründungsstränge nicht optimal synchronisiert wirken. Das ist in ersten Analysen der Entscheidung durchgängig konstatiert und sehr detailliert, bis in die Wortwahl hinein, untersucht worden[56]. Will man den Beschluß nicht einfach als in sich widersprüchlich, inkonsistent oder gar undurchdacht brandmarken, so verlangen in Sonderheit drei den Leser in der Tat in Erstaunen, wenn nicht gar in Verwirrung versetzende Umstände eine Erklärung: *erstens*, daß von den landesgrundrechtlichen Mehr- und Mindergewährleistungen, die anfangs noch ausdrücklich als unter Art. 142 GG fallend und in diesem Sinne als „in Übereinstimmung" stehend bezeichnet wurden, im weiteren Verlauf der Begründung nicht mehr die Rede ist und auch die Leitsätze nur noch von den identischen, also i.e.S. inhaltsgleichen Landesgrundrechten zu sprechen scheinen; *zweitens* die unverhoffte Zuspitzung der Inhaltsgleichheit der Grundrechte zum Erfordernis ihrer Ergebnisgleichheit im Einzelfall; dies schließlich *drittens* verbunden mit einem kleinteiligen Prüfungsschema der Inhalts- und Ergebnisgleichheit für die Landesverfassungsgerichte, welches durch eine im Grunde systemwidrige Bindung gem. § 31 BVerfGG und eine Ausdehnung der Vorlagepflicht gem. Art. 100 III GG flankierend abgesichert wird[57].

---

[56] *K.-E. Hain*, JZ 1998, 620 ff.; *Pestalozza*, Art. 142 (Fn. 35), S. 258 ff.; *P. Tiedemann*, DÖV 1999, 200 ff.; *F. Wittreck*, DÖV 1999, 634 ff.

[57] BVerfGE 96, 345 (373 f.): „c) Die genannten Voraussetzungen veranlassen eine mehrstufige Prüfung durch das Landesverfassungsgericht.
aa) Vorab hat das Landesverfassungsgericht zu prüfen, ob die vom Beschwerdeführer gerügte fehlerhafte Verfahrensgestaltung im Ausgangsverfahren einen Anwendungsfall für ein Landesgrundrecht begründen konnte (vgl. oben C. I. 2.).
bb) Um festzustellen, ob das vom Beschwerdeführer mit seiner Verfassungsbeschwerde als verletzt gerügte landesverfassungsrechtliche Recht mit einem entsprechenden Recht des Grundgesetzes inhaltsgleich ist und daher Prüfungs-

1. Reichweite der Entscheidung

Eine Teilerklärung ergibt sich, wenn man sich auf den Entscheidungsgegenstand, nämlich die Vorlagefrage des Sächsischen Verfassungsgerichtshofs, besinnt und sich in Erinnerung ruft, daß der Beschluß des Bundesverfassungsgerichts im Kern nur eine Antwort auf diese – vom Senat ein wenig extensiver gefaßte – Vorlagefrage gibt. Und bei dieser ging es um die besondere, in Judikatur wie Literatur seit jeher besonders umstrittene Konstellation, ob Landesgerichte bei der Anwendung von Bundesverfahrensrecht auch an die Landesgrundrechte gebunden und Landesverfassungsgerichte deren Urteile wegen ihrer Nichtbeachtung oder mangelhaften Anwendung aufzuheben berechtigt sind. Die Kassationsbefugnis der Landesverfassungsgerichte als zentraler (in der Entscheidung vielleicht nicht immer deutlich genug präsent gehaltener) Problem- und Bezugspunkt erklärt die in den Leitsätzen vorgenommene Engführung auf die inhaltsgleichen (identischen) Grundrechte[58]. Gleichwohl konnte der Senat nicht umstandslos und ohne vorherige Klärung einiger Grundsatzfragen des Art. 142 GG die Vorlagefrage beantworten. Aus dieser Perspektive sind die An-

---

maßstab sein kann, muß das Landesverfassungsgericht in einem nächsten Schritt prüfen, zu welchem Ergebnis die Anwendung des Grundgesetzes in dem Fall des Ausgangsverfahrens führen mußte (zur Notwendigkeit einer solchen Inzidentprüfung, vgl. auch von Olshausen, a.a.O., S. 137 ff.; Grimm, in: Grimm/Papier, Nordrhein-Westfälisches Staats- und Verwaltungsrecht, 1986, S. 53).
cc) In einem letzten Schritt muß das Landesverfassungsgericht entscheiden, ob das gerügte Landesverfassungsrecht im zu entscheidenden Fall zu demselben Ergebnis wie das Grundgesetz führt."
Die eigentliche Vorlagepflicht stellt das Gericht ein wenig verklausuliert wie folgt auf (374 f.): „Bei der Prüfung der Vorfrage, zu welchem Ergebnis die Anwendung des Grundgesetzes im Falle des Ausgangsverfahrens führen muß, hat das Landesverfassungsgericht das Grundgesetz auszulegen, ohne daß dieses Prüfungsmaßstab ist (vgl. hierzu auch BVerfGE 69, 112 [117]; Schlaich, a.a.O., Rn. 334e, S. 228 f.). Dabei ist das Landesverfassungsgericht im Rahmen des § 31 BVerfGG an die Rechtsprechung des Bundesverfassungsgerichts gebunden. Dieser Bindung genügt es auch, wenn es die Auslegungsfrage gemäß Art. 100 Abs. 3 1. Alternative GG dem Bundesverfassungsgericht vorlegt (zur Vorlagepflicht in diesem Fall vgl. BerlVerfGH, NJW 1993, S. 513 [514]; Burmeister, in: Starck/Stern [Hrsg.], Landesverfassungsgerichtsbarkeit, Teilband II, S. 399 [430 f.]; Zierlein, AöR 120 [1995], 205 [240 f.]). Nur wenn das Bundesverfassungsgericht auf die Vorlage hin seine Rechtsprechung korrigiert, hat die Bindung des Landesverfassungsgerichts nunmehr einen anderen Inhalt"; kritisch zu dieser Position *F. Wittreck*, DÖV 1999, 634 (639 ff.).
[58] Behandlung und Erweiterung der Vorlagefrage: BVerfGE 96, 345 (359 ff.). – Im weiteren erfolgt der Hinweis auf diese Entscheidung durch Angabe der einschlägigen Seiten im Text.

fangspassagen der Entscheidung zu deuten: hier wird, wie oben bereits erwähnt, im Sinne einer prinzipiellen Aussage über den Regelungsgehalt des Art. 142 GG und den Fortbestand von Landesgrundrechten sowohl den identischen (parallelen) Grundrechten als auch den Mehr- und Mindergewährleistungen attestiert, daß sie i.S.d. Art. 142 GG mit dem Grundgesetz „in Übereinstimmung" stehen, also nicht bereits durch das Grundgesetz – sei es durch Art. 142 GG selbst, sei es durch Art. 31 GG – gebrochen werden (S. 364 f.). Das ist eine allgemein wichtige und begrüßenswerte Klarstellung bzw. Fixierung der bundesverfassungsgerichtlichen Judikatur[59]. Von diesem gesamten Aussagekomplex erscheinen dann freilich in den umfangreichen Leitsätzen nur noch die Eingangsworte des ersten Leitsatzes: „Ein nach Art. 142 GG prinzipiell geltendes Landesgrundrecht ..." (S. 365); mehr bleibt von diesem Teil der Entscheidung nicht übrig bzw. sichtbar[60]. Gerade des-

---

[59] Vgl. dazu oben unter III (S. 16 ff.).

[60] Die Leitsätze der Entscheidung lauten (BVerfGE 96, 345 [345 f.]):
„1. Ein nach Art. 142 GG prinzipiell geltendes Landesgrundrecht wird gemäß Art. 31 GG von einfachem Bundesrecht jedenfalls insoweit nicht verdrängt, als Bundes- und Landesgrundrecht einen bestimmten Gegenstand in gleichem Sinne und mit gleichem Inhalt regeln und in diesem Sinne inhaltsgleich sind.

2. Raum für die Anwendung der parallel mit den Grundrechten des Grundgesetzes verbürgten Grundrechte der Landesverfassung bleibt den Richtern eines Landes auch bei der Durchführung eines bundesrechtlich geregelten Verfahrens. Der Rechtsanwender trägt eine eigenständige Verantwortung für die Durchsetzung der subjektiven Verfassungsrechte.

3.a) Die Kompetenz des Landes für seine Landesverfassungsgerichtsbarkeit erlaubt eine Regelung, nach der eine Verletzung mit dem Grundgesetz inhaltsgleicher subjektiver Landesverfassungsrechte durch ein Gericht des Landes bei der Durchführung des bundesrechtlich geregelten Verfahrens mit der Verfassungsbeschwerde zum Landesverfassungsgericht gerügt und die angegriffene Gerichtsentscheidung von diesem aufgehoben werden kann. Diese Regelung darf nicht weitergehen, als es zur Verwirklichung des Zwecks der Verfassungsbeschwerde unerläßlich ist. Nur insoweit wird die Reichweite der Bundeskompetenz aus Art. 74 Abs. 1 Nr. 1 GG durch die Landeskompetenz begrenzt.

b) Die Landesverfassungsbeschwerde gegen Entscheidungen der Gerichte eines Landes darf danach nur insoweit zugelassen werden, als ein von den Verfahrensordnungen des Bundes eröffneter Rechtsweg zuvor ordnungsgemäß ausgeschöpft wurde und die danach verbleibende Beschwer des Beschwerdeführers auf der Ausübung der Staatsgewalt des Landes – und nicht auch der des Bundes – beruht.

4.a) Inhaltsgleich – und damit zulässiger Prüfungsmaßstab für das Landesverfassungsgericht – ist das entsprechende Landesgrundrecht nur, wenn es in dem zu entscheidenden Fall zu demselben Ergebnis wie das Grundgesetz führt.

b) Bei der Prüfung dieser Vorfrage ist das Landesverfassungsgericht gemäß § 31 BVerfGG an die Rechtsprechung des Bundesverfassungsgerichts gebunden und unterliegt der Vorlagepflicht gemäß Art. 100 Abs. 3 GG.

wegen verdient Hervorhebung, daß außerhalb jener den Entscheidungsgegenstand bildenden Konstellation die Leitsätze 2-5 der Entscheidung nicht gelten und von daher nicht den Eindruck vermitteln
dürfen, inskünftig müßten die Landesverfassungsgerichte bei Anwendung der Landesgrundrechte immer die hier vorgesehenen engen Bah-
nen einhalten oder gar das vorgeschriebene Prüfungsprogramm
abarbeiten. Mit dieser Deutung steht nicht nur in Einklang, daß in
mehreren zeitnah getroffenen Kammerentscheidungen ausdrücklich
festgehalten worden ist, die Landesverfassungsgerichte seien bei der
Auslegung „ihrer" Grundrechte nicht an die Interpretation des grundgesetzlichen Pendants durch das Bundesverfassungsgericht gebunden
und demgemäß bei anderer Akzentuierung derselben auch nicht zur
Vorlage verpflichtet[61]. Auch stimmt hiermit überein, daß der Verfassungsgerichtshof von Rheinland-Pfalz in einer nach dem Beschluß des
Zweiten Senats getroffenen Entscheidung über eine auf Art. 1 I der
Landesverfassung (freie Entfaltung der Persönlichkeit) gestützte Landesverfassungsbeschwerde das Prüfschema des Bundesverfassungsgerichts unerwähnt gelassen und auch der Inhaltsgleichheit der landesverfassungsrechtlichen Norm keine weiteren Ausführungen gewidmet
hat[62]. Gleiches gilt für die nach Bekanntwerden dieses Beschlusses[63] ergangenen Entscheidungen des Bayerischen Verfassungsgerichtshofes[64].
  Also nochmals: die Leitsätze wie auch die unter C.II. formulierten
detaillierten Vorgaben und restriktiven Anwendungsbedingungen er-
strecken sich auf eine besondere, den Gegenstand des Vorlagebeschlus-
ses bildende Konstellation: daß sich nämlich die beim Landesverfassungsgericht erhobene Landesverfassungsbeschwerde, die die Aufhebung einer landesgerichtlichen Entscheidung begehrt, darauf stützt,

---

5. Gegenstand einer Vorlage gemäß Art. 100 Abs. 3 GG kann auch ein – von den
Gerichten abweichend beurteilter – Rechtsmaßstab sein, der so weit gefaßt ist,
daß er auch Geltung für weitere Fallgruppen hat, die bei dem vorliegenden Gericht zur Entscheidung anfallen können."
  [61] BVerfG (1. Kammer des Ersten Senats) NVwZ 1994, 59 (60); BVerfG (1.
Kammer des Ersten Senats) NJW 1999, 1020 (1021). Die letztgenannte Entscheidung bezog sich auf die Entscheidung des BayVerfGH zur neuen bayerischen Kruzifixregelung (BayVBl. 1997, 686).
  [62] VerfGH Rheinl.-Pfalz NJW 1999, 2264.
  [63] Das war freilich erst im Februar 1998, obwohl er das Datum des
15.10.1997 trägt; Hinweis auf diesen Punkt bei *Pestalozza*, Art. 142 (Fn. 35),
S. 263 Anm. 7.
  [64] BayVerfGHE 51, 49 (50, 53); BayVerfGH BayVBl. 1998, 412.

das Landesgericht habe bei der Anwendung von Bundesverfahrensrecht[65] nicht hinlänglich die Bedeutung der – prozessual relevanten[66] –
Grundrechte der Landesverfassung berücksichtigt.

2. Sonderregime für landesverfassungsgerichtliche Prüfung der Berücksichtigung von Landesgrundrechten bei Anwendung von Verfahrensrecht des Bundes durch Gerichte des Landes

a) Alle weiteren Leitsätze wenden sich dem besonderen Problem
zu, welches sich daraus ergibt, daß auch nach Art. 142 GG prinzipiell
weitergeltende Grundrechte gebrochen werden können bzw. ihre Anwendung in bestimmten Entscheidungskontexten ausgeschlossen ist.
Damit verlagert sich der Blick des Beschlusses auf Art. 31 GG.
Hier legt sich der Senat gleich eingangs der Begründung – in der Sache ganz richtig – darauf fest, daß sich diese kürzeste Norm des
Grundgesetzes („Bundesrecht bricht Landesrecht") nicht auf die
Rechtsanwendung im Einzelfall erstreckt, sondern Kollisionen zwischen Normen bewältigen soll[67]. Zurückgewiesen sind damit Positio-
nen, die die in Rede stehende Problemkonstellation mit der Bindung
des Landesrichters an die im Verhältnis zu den Landesgrundrechten
„höhere" Norm des Bundesverfahrensrechts (ZPO, StPO etc.) lösen
und auf diesem Wege die Möglichkeit der landesverfassungsgerichtlichen Überprüfung von Urteilen der Gerichte eines Landes auf hinläng-
liche Berücksichtigung der Landesgrundrechte bei der Anwendung
von Prozeßrecht des Bundes negieren wollten[68]. Nicht ausschließen
will das Gericht mit dieser Trennung zwischen dem Vorrang des Bundesrechts und dem fehlenden Vorrang der Anwendung von Bundes-

---

[65] Der Beschluß beschränkt sich ausdrücklich auf die Anwendung von Bundesverfahrensrecht und läßt die Frage offen, was für die Anwendung materiellen Bundesrechts gelten würde.

[66] Die Entscheidung bezieht sich keinesfalls nur auf die Prozeßgrundrechte
der Landesverfassung, sondern auf alle prozeßrechtlich relevanten Grundrechte: F. Wittreck, DÖV 1999, 634 (636 m. Fn. 18); Degenhart, Staatsrecht (Fn.
10), Rn. 545.

[67] BVerfGE 96, 345 (364). Damit folgt der Senat der Rechtsprechung des
BerlVerfGH (NJW 1993, 515 [517]; NJW 1994, 436 [437 ff.]). Die Literatur
stimmt (mittlerweile) überwiegend zu: Dreier (Fn. 2), Art. 31 Rn. 55; C. Tietje,
AöR 125 (1999), 282 (286).

[68] J. Gebb, DÖV 1993, 470 (473 f.); C. Starck, JZ 1993, 231 (232); J. Berke-
mann, NVwZ 1993, 409 (415); B. Lemhöfer, NJW 1996, 1714 (1720 f.). Zum
Problem transparent Schlaich, Bundesverfassungsgericht (Fn. 4), Rn. 334 f.
(S. 230 ff.).

recht freilich die Möglichkeit, daß einfaches Bundesprozeßrecht imstande ist, Landesrecht einschließlich des Landes*verfassungs*rechts zu brechen (S. 365)[69]. Derartige, wegen der tatbestandlichen Weite und inhaltlichen Vagheit von Grundrechtsnormen wohl auch nur selten in Betracht kommende Konstellationen standen allerdings nicht in Rede.

b) Das Gericht wählt vielmehr einen etwas anderen, im Ansatz richtigen, dann aber zunehmend in zweifelhafte Gefilde geratenden Argumentationsgang.

Es stellt zuerst – wiederum zutreffend – fest, daß Landesgrundrechte, die gemäß Art. 142 GG weitergelten und nicht durch einfaches Bundesrecht gemäß Art. 31 GG gebrochen werden, bei der Anwendung des Prozeßrechts dann zur Geltung kommen können, wenn die einschlägige Verfahrensvorschrift einen (Auslegungs-)Spielraum läßt (S. 366). Wo ein solcher nicht besteht, hat das (Landes-)Gericht natürlich die bundesrechtliche Norm anzuwenden, sofern sie *diese* nicht für bundesgrundrechtswidrig oder sonst verfassungswidrig hält und – vorausgesetzt, es handelt sich um ein förmliches, nachkonstitutionelles Gesetz – gemäß Art. 100 I GG dem Bundesverfassungsgericht im Wege der konkreten Normenkontrolle vorlegt. Nur im außergewöhnlichen Falle hinlänglicher Konkretion einer landesverfassungsrechtlichen Grundrechtsgewährleistung, die von der entgegenstehenden, höherrangigen Bundesrechtsnorm gebrochen würde, wäre eine durch Art. 31 GG auflösbare Normenkollision gegeben. Ist aber umgekehrt die bundesrechtliche Verfahrens- oder Prozeßnorm ihrerseits so weit oder unspezifisch gefaßt, daß sich bei *ihrer* Interpretation „Spielräume" ergeben, so können diese durch Heranziehung von Grundrechten – und dann möglicherweise eben auch von *Landes*grundrechten – ausgefüllt werden. Diese Ausfüllung von Spielräumen akzeptiert das Gericht ausdrücklich und vor dem Hintergrund seiner Entscheidungsprämissen auch ganz folgerichtig.

Exakt hier setzt aber der problematische Bruch in der Entscheidung ein. Denn wenn es Spielräume für die Berücksichtigung von Landesgrundrechten gibt, dann müßten diese in den einzelnen Ländern auch unterschiedlich ausgefüllt werden können, und zwar sowohl wegen

---

[69] Es stellt sich auch insofern ganz auf die Seite der h.M., derzufolge gemäß Art. 31 GG Landesrecht jedweder Stufe (auch Verfassungsrecht) durch Bundesrecht jeder Stufe (auch Rechtsverordnungen) gebrochen werden kann (dazu m.w.N. *Dreier* [Fn. 2], Art. 31 Rn. 32; *Quaritsch* [Fn. 40], § 120 Rn. 11; *Stern*, Staatsrecht III/2 [Fn. 10], S. 1473); a.A. mit eigener Argumentation *Pestalozza*, Art. 142 (Fn. 35), S. 251 f., 253.

unterschiedlicher Landesgrundrechte als auch wegen unterschiedlicher Interpretation paralleler (identischer) Grundrechte durch die Landes(verfassungs)gerichte. Das wiederum würde eine im Einzelfall unterschiedliche Handhabung der bundesrechtlichen Verfahrensnormen und im Ergebnis unterschiedliche Ausgestaltungen etwa des Zivil- oder Strafverfahrens nach sich ziehen.

Genau dies sucht der Zweite Senat nun aber zu verhindern. Er entfaltet gewissermaßen ein Sonderregime für die Fälle, in denen Landesverfassungsgerichte über Landesverfassungsbeschwerden entscheiden, in denen die Aufhebung der Entscheidung eines Landesgerichtes mit dem Hinweis auf die mangelnde Berücksichtigung der Bedeutung eines Landesgrundrechts bei der Anwendung von Bundesverfahrensrecht begehrt wird. Denn „eigentlich", also unter Zugrundelegung der oben dargestellten Grundsätze[70], könnte hier namentlich eine Mehrgewährleistung durchaus Platz greifen und dem Beschwerdeführer in einem Land zu einer Rechtsposition verhelfen, die er in einem anderen nicht hätte. Weil das Bundesverfassungsgericht diese Konsequenz praktisch unterschiedlichen Prozeßgeschehens aufgrund der Einwirkungen unterschiedlichen Landesverfassungsrechts vermeiden und hier Einheitlichkeit gewahrt wissen will, greift es zu einer bemerkenswerten Kombination von mehreren, freilich schon je für sich genommen höchst problematischen Aussagen.

(1) Nur diese Zielrichtung läßt zunächst erklärlich werden, warum von den Mehrgewährleistungen, die das Gericht zu Beginn seiner Entscheidungsgründe noch ausdrücklich erwähnt hatte, nunmehr keine Rede mehr ist. Denn nur wenn die Grundrechtslage wegen der Identität von Bundes- und Landesgrundrechten gleich ist, können (und, wie das Gericht meint: müssen) die Entscheidungen der Landesverfassungsgerichte überall gleich ausfallen, kann es also keine landesspezifischen Besonderheiten bei der Anwendung des Bundesverfahrensrechts geben. Das Gericht sagt ebenso ausdrücklich wie lapidar: „Regelmäßig vermeiden nur sie [scil.: die inhaltsgleichen Landesgrundrechte] einen Konflikt mit der Bindung des Richters an Bundesrecht, da sie den gleichen Gegenstand im gleichen Sinn und mit gleichem Inhalt regeln." (S. 373). Das bedeutet: bei Mehrgewährleistungen erwartet das Gericht (immer? oder eben nur: „regelmäßig"?) den Eintritt eines Normenkonflikts zwischen Bundesrecht (also etwa der

---

[70] Vgl. unter III. (S. 16 ff.) zur Interpretation von Art. 142, 31 GG.

ZPO, der StPO) und dem Landesgrundrecht, was aber keineswegs zwingend scheint[71].

(2) Eine gravierende Verschärfung erfährt dieser Identitätswille dadurch, daß die Inhaltsgleichheit der Berücksichtigung findenden Grundrechte zur Ergebnisgleichheit der Einzelfallentscheidung gesteigert wird. Obwohl es allen methodologischen Einsichten in den unhintergehbaren Vorgang der (stets normativ „produktiven") Konkretisierung von Normen im Prozeß ihrer Anwendung, die auch dem Bundesverfassungsgericht keineswegs fremd sind[72], widerstreitet, daß sich auf der Basis des gleichen Normmaterials auch gleiche Entscheidungen im Einzelfall prognostizieren oder determinieren ließen, verpflichtet der Senat die Landesverfassungsgerichte auf eine derartige hypothetische, aber durchaus folgenreiche Prüfung (S. 374) und sichert diese sachlich unerfüllbare Anforderung auch noch durch eine systemwidrige Ausdehnung der Vorlagepflicht gemäß Art. 100 III GG für den Fall ab, daß eine Identität der Ergebnisse nicht bejaht werden kann (S. 374 f.)[73].

Am Ende ist man somit genau an dem Punkt gelandet, den das Gericht in den ersten Sätzen des Begründungsteils noch zu Recht abgewiesen hatte (S. 374): Art. 31 GG wird als Norm behandelt, die auch den Konflikt von Einzelfallentscheidungen erfaßt[74].

c) Mit dieser Strategie der Engführung auf inhaltsgleiche, also: den Bundesgrundrechten parallele („identische") Landesgrundrechte sowie dem zusätzlichen Anspruch auf Ergebnisgleichheit im Einzelfall ist si-

---

[71] Kritisch zur unklaren Bedeutung von „regelmäßig" etwa *P. Tiedemann,* DÖV 1999, 200 (202); *F. Wittreck,* DÖV 1999, 634 (637). – *K. Lange,* NJW 1998, 1278 (1278 f.) nimmt an, daß das Bundesverfassungsgericht die ZPO für abschließend gegenüber landesverfassungsrechtlichen Mehrgewährleistungen hält. Aber es sagt dies nirgends ausdrücklich.

[72] Zur Rechtsauslegung und -anwendung als schöpferischem Vorgang *H. Dreier,* Hierarchische Verwaltung im demokratischen Staat, 1991, S. 165 ff.; *H. Hofmann,* Das Recht des Rechts, das Recht der Herrschaft und die Einheit der Verfassung, 1998, S. 18 f.; *H. Rossen,* Vollzug und Verhandlung, 1999, S. 89 ff., 183 ff., 228 ff., alle m.w.N. – Aus der Judikatur vgl. nur BVerfGE 34, 269 (286 ff.); aus jüngerer Zeit, wenngleich nicht mehr ganz so markant: BVerfGE 95, 28 (38); 96, 375 (393 ff.).

[73] Das den Landesverfassungsgerichten verordnete detaillierte Prüfschema hat, was nur nebenbei erwähnt sei, den kuriosen Effekt, daß erst das Ergebnis einer Begründetheitsprüfung über die Zulässigkeit der Landesverfassungsbeschwerde entscheidet; vgl. S. 374 unter Punkt c) (2) und dazu kritisch *F. Wittreck,* DÖV 1999, 634 (636 Fn. 19). Hieran werden die Repetitorien, weniger die Studenten oder die Gerichte sicher ihre helle Freude haben.

[74] *K.-E. Hain,* JZ 1998, 620 (622 f. m. Fn. 31); *F. Wittreck,* DÖV 1999, 634 (639 f.).

chergestellt, daß bei der Einwirkung der Grundrechte auf die bundesrechtlichen Verfahrensnormen und ihrer Handhabung zwischen Bund
und Ländern bzw. der Länder untereinander keine Differenz auftritt.
Wegen des Erfordernisses der Ergebnisgleichheit muß sich die Prozeßrealität in allen Bundesländern gleich präsentieren, gleichviel, ob diese
über eigene Grundrechte verfügen oder nicht, gleichviel auch, ob sie
eine Landesverfassungsbeschwerde kennen oder nicht. Denn was die
Landesgerichte zu beachten haben und die Landesverfassungsgerichte
(nur) überprüfen dürfen, wird durch exakt den bundesgrundrechtli-
chen Standard definiert, der ohnehin wegen Art. 1 III GG überall Anwendung erheischt[75]. Da Reichweite und Wirkungsintensität der Bundesgrundrechte genau kongruent mit jenen (inhaltsgleichen) der Länder ist, muß sich – vorausgesetzt, die Landes- und Bundesgerichte tragen der Einwirkung der Grundrechte auf die Handhabung des Verfahrens in dem vom Bundesverfassungsgericht vorgezeichneten Maß und
Umfang genau Rechnung – die Prozeßrealität in allen Bundesländern
und vor Bundesgerichten vollkommen entsprechen. Und wird die Entscheidung eines Landesgerichts unter Berufung auf Landesgrundrechte
vor dem Landesverfassungsgericht angegriffen, so soll wiederum das
vom Senat verordnete Prüfschema sicherstellen, daß – welches Landesverfassungsgericht auch immer mit der Sache befaßt ist – das Ergebnis
genauso ausfällt, wie es bei einer Überprüfung durch das Bundesverfassungsgericht selbst ausgefallen wäre (und wie die Sache hätte ausfallen müssen, wenn das Gericht die Wirkung der Grundrechte von vornherein in dem gebotenen Ausmaß berücksichtigt hätte).

Im Endergebnis stellt das Bundesverfassungsgericht damit sicher,
daß Auslegung und Handhabung der bundesrechtlichen Prozeßnormen, die natürlich auch der Ausstrahlungswirkung der Grundrechte
unterliegen, in allen Ländern so vorgenommen werden, wie das auf

---

[75] An einer Stelle bringt der Senat diese Identität und die daraus folgende
Marginalisierung der Rolle der Landesgrundrechte deutlich zum Ausdruck:
„Ein Konflikt aus dieser gleichzeitigen Bindung des Richters an Landes- und
Bundesgrundrechte kann nicht entstehen, weil die Anwendung dieser – inhaltsgleichen – Grundrechte im konkreten Fall zu demselben Ergebnis führen muß.
Auch muß der Richter des Landes bei der Durchführung des bundesgesetzlich
geregelten Verfahrens nicht die Grundrechte des jeweiligen Landes besonders
prüfen. Vielmehr genügt er mit der Beachtung der entsprechenden Bundesgrundrechte zugleich seiner Bindung an die inhaltsgleichen Landesgrundrechte." (BVerfGE 96, 345 [367 f.]).

Bundesebene der Fall ist[76]. Die in der Entscheidung zunächst einge-
räumte Möglichkeit, daß Landesgrundrechte Beachtung dort finden
könnten, wo für sie Spielräume bestehen, wird damit praktisch revo-
ziert bzw. zunichte gemacht. Es ist nach den Vorgaben des Bundesverfassungsgerichts nicht denkbar, daß in einem einzigen Land die bundesrechtlichen Prozeßnormen anders gehandhabt werden als in einem
anderen; und in den Ländern können bzw. dürfen sie nach der Logik
des Beschlusses nicht anders gehandhabt werden als im Bund, da ja die
Einwirkung auf identische (parallele) Grundrechte beschränkt ist und
bei deren Anwendung Ergebnisgleichheit erzielt werden muß. In einem Wort: die Ausstrahlungswirkung der Landesgrundrechte auf Auslegung und Handhabung der Verfahrensnormen des Bundes deckt sich
vollkommen mit der der Bundesgrundrechte. Die Existenz von Landesgrundrechten und die Möglichkeit ihrer Durchsetzung qua Landesverfassungsbeschwerde ergeben keinen rechtlichen Mehrwert, sondern
bleiben folgenlos. Die verfassungsrechtlich unterschiedliche Lage in
den Ländern ist letztlich absolut gleichgültig.

3. Landesverfassungsgerichtsbarkeit unter Karlsruher Kuratel?

Wie auch immer man die zweifelsohne auch für andere Deutungen
als die hier vorgetragene offene Entscheidung des Bundesverfassungsgerichts einschätzt, so scheint doch ein Effekt unübersehbar. Denn die
vom Senat mehrfach eingeschärfte Maßstabs- und Ergebnisidentität
von Bundes- und Landesgrundrechten läßt recht unverblümt zutage
treten, daß es dadurch zu einer Entlastung des Bundesverfassungsgerichts kommen kann, weil etwa ein Großteil derjenigen (zahlenmäßig
überwältigenden) Verfassungsbeschwerden, die sich auf eine Verletzung des rechtlichen Gehörs stützen, nunmehr gewissermaßen von den
Landesverfassungsgerichten abgearbeitet werden könnte. An der kur-
zen dogmatischen Leine der Bindung gemäß § 31 BVerfGG geführt, in
Zweifelsfällen oder bei innovatorischen Anwandlungen zur Vorlage
gemäß Art. 100 III GG verpflichtet, erscheinen die Landesverfassungsgerichte in dieser Funktion wie gehobene Kammern, die nicht nur stär-
ker besetzt sind und möglicherweise über größere Zeitbudgets verfügen als die ohnehin chronisch überlasteten Richter des Bundesverfassungsgerichts, sondern zu alledem den Bund nichts kosten[77]. Nicht von

---

[76] In diese Richtung bereits zuvor *B. Lemhöfer*, NJW 1996, 1714 (1719 f.),
freilich mit einer Ausnahme zugunsten der Anwendung materiellen Landesrechts.
[77] Auf die zeitliche Nähe zwischen der Entscheidung und sachlichen Bezug-
nahmen in dem 1997 abgeschlossenen Bericht über die „Entlastung des Bundes-

ungefähr und nicht zu Unrecht wurde in ersten wissenschaftlichen Analysen davon gesprochen, daß hier ein Prozeß der „Gleichschaltung" in Gang gesetzt sei bzw. die Landesverfassungsbeschwerde künftig nach „Karlsruher Regie" verlaufe oder doch verlaufen solle[78]. In der Tat verbleibt den Landesverfassungsgerichten praktisch kein Spielraum bei der inhaltlichen Entscheidung. Was ihnen der Senat in einem ersten Schritt zubilligt, nämlich *überhaupt* Entscheidungen von Landesgerichten bezüglich der Frage hinlänglicher Berücksichtigung von Landesgrundrechten bei Anwendung von Bundesverfahrensrecht zu prüfen, das nimmt er in einem zweiten Schritt weitgehend zurück, indem er Prüfungsmaßstäbe und Entscheidungsergebnisse verbindlich vorgibt[79]. Von den eigentlichen, oben grob skizzierten Funktionen der Landesverfassungsgerichtsbarkeit verbleibt hier im Grunde kaum mehr etwas. Weder läßt das Gericht föderale Vielfalt zu, noch erlaubt es den Landesverfassungsgerichten, typische, eigene Grundrechtsinterpretationen zu entwickeln und für den Bereich des Landes verbindlich zu machen. Dadurch laufen möglicherweise auch prozeßrelevante Landesgrundrechte ins Leere[80]. So gesehen, muß der Beschluß notwendigerweise skeptisch stimmen, weil er die Landesverfassungsgerichte einer eigenständigen Rolle beraubt. Sein Egalisierungspotential mindert sich aber nicht unerheblich durch drei Umstände.

a) Zunächst ist die begrenzte Reichweite der Entscheidung in Erinnerung zu rufen. Restriktion auf inhaltsgleiche Grundrechte, Ergebnisgleichheit, gesteigerte Bindungs- und Vorlagepflichten: das alles gilt nur für die Konstellation, die auch dem Vorlagebeschluß des Sächsischen Verfassungsgerichtshofes zugrundelag, also die Berücksichtigung der prozessual relevanten Landesgrundrechte durch Landesgerichte bei der Anwendung von Verfahrensrecht des Bundes und die

---

verfassungsgerichts. Bericht der Kommission", hrsg. v. Bundesministerium der Justiz, 1998, S. 17, 89 Fn. 11, 91 weist ausdrücklich und kritisch hin *Pestalozza,* Art. 142 (Fn. 35), S. 263 Anm. 7. Allgemeiner zum Zusammenhang mit der Entlastungsdiskussion *C. Tietje,* AöR 125 (1999), 282 (285 ff.).

[78] Vgl. *K.-E. Hain,* JZ 1998, 620 (621); *Pestalozza,* Art. 142 (Fn. 35), S. 245; *F. Wittreck,* DÖV 1999, 634 (642).

[79] Nur auf den ersten Schritt können sich Reaktionen beziehen, die den Beschluß des Zweiten Senats als großzügige Erweiterung der Kompetenzen der Landesverfassungsgerichte gewürdigt haben (etwa *C. Tietje,* AöR 124 [1999], 282 [304]). Wenn der Beschluß als „Jubiläumsgeschenk" (so *J. Isensee,* BayVBl. 1999, 191 [192]) bezeichnet wird, so kommt einem die lateinische Sentenz in den Sinn: *timeo danaos et dona ferentes.*

[80] Vgl. dazu das instruktive Sorben-Beispiel bei *F. Wittreck,* DÖV 1999, 634 (638).

darauf bezogene Prüfungskompetenz der Landesverfassungsgerichte. Außerhalb dieses – in der Praxis freilich keineswegs kleinen – Bereiches verbleibt es bei den sehr viel weitergehenden Möglichkeiten[81].

b) Eine zweite und durchaus offene Frage dürfte sein, inwieweit die Landesverfassungsgerichte die ihnen zugedachte Rolle annehmen. Der Hessische Staatsgerichtshof hat zwar seine ältere, restriktive Rechtsprechung, derzufolge die Überprüfung von Entscheidungen der Landesgerichte in bundesrechtlich geregelten Verfahren wegen Art. 31 GG ausgeschlossen war, mittlerweile unter ausdrücklichem Hinweis auf BVerfGE 96, 345 geändert[82], zugleich aber im konkreten Fall, in dem zusätzlich Verfassungsbeschwerde beim Bundesverfassungsgericht eingelegt worden war, das Verfahren ausgesetzt und dem Bundesverfassungsgericht zur Entscheidung vorgelegt: dieses sei in derartigen Konstellationen „zuvörderst zur Entscheidung berufen"[83]. Man hat das Gefühl, daß hier der Schwarze Peter nach Karlsruhe zurückgereicht wird.

c) Eine weitere Frage ist, ob wirklich alle Landesverfassungsgerichte die vorgegebene dreistufige Prüfung[84] sowie die eingeschärfte Pflicht zur Vorlage gemäß Art. 100 III GG beherzigen werden. Die Vorlageneigung war jedenfalls bislang höchst unterschiedlich ausgeprägt, was der Beschluß des Zweiten Senats selbst in markanter Weise illustriert: war die Vorlage des Sächsischen Verfassungsgerichtshofs doch gewissermaßen nur das Surrogat für die unverständlicherweise unterlassene Vorlage durch den Berliner Verfassungsgerichtshof im Honekker-Fall[85]. Ähnlich schwer abzuschätzen ist schließlich, zumal für einen Außenstehenden, ob sich die Landesverfassungsgerichte mit der ihnen zugedachten Rolle nicht durchaus anfreunden können und wer-

---

[81] Vgl. unter III.3 (S. 18 ff.) und III.4 (S. 22 ff.).

[82] HessStGH NJW 1999, 49 (Leitsatz 1).

[83] HessStGH NJW 1999, 49 (Leitsatz 3). – Das Gericht hat damit „in den Fällen der doppelt erhobenen Verfassungsbeschwerde bzw. Grundrechtsklage die ihm vom BVerfG prinzipiell angesonnene komplizierte mehrstufige Prüfung durch die Annahme einer Subsidiarität noch von sich fernhalten können" (*M. Sachs*, JuS 1999, 913).

[84] Der Sächsische Verfassungsgerichtshof arbeitet das Prüfungsschema schon in der unmittelbaren Folgeentscheidung nicht ab: SächsVerfGH NJW 1998, 3266 (3267); dazu *F. Wittreck*, DÖV 1999, 634 (640).

[85] Statt vieler *J. Rozek*, AöR 119 (1994), 450 (472 ff.) m.w.N. Daß der BerlVerfGH zur Vorlage verpflichtet gewesen wäre, monieren auch Autoren, die den Beschluß ansonsten im Kern befürworten: *C. Pestalozza*, NVwZ 1993, 340 (344); vgl. noch *Schlaich*, Bundesverfassungsgericht (Fn. 4), Rn. 334 f. (S. 235).

den[86]. In welcher Richtung hier die Entwicklung verlaufen wird, dürfte sich alsbald erweisen. Es wäre bedauerlich, wenn der Aufschwung der Landesverfassungsgerichtsbarkeit im allgemeinen, die Bedeutungssteigerung der Landesverfassungsbeschwerde im speziellen so rasch und so gründlich, wie dies von einigen befürchtet wird, in Funktionalisierung und Nachordnung gegenüber dem Bundesverfassungsgericht enden würde. Denn dem Verhältnis zwischen der Verfassungsgerichtsbarkeit der Länder und der des Bundes ist jede Andeutung eines Instanzenzuges von vornherein wesensfremd.

Die hier befürwortete selbständige Rolle der Landesverfassungsgerichte stellt dabei keinen Freibrief für das krampfhafte Suchen nach Alternativen dar, deckt nicht Originalitätssucht und Profilierungsneurose. Was der bereits erwähnte Otto Bachof vor vielen Jahren sagte, gilt auch heute noch: die Landesverfassungsgerichte täten gut daran, nicht den Ehrgeiz zu haben, „bahnbrechende ‚Entdeckungen' machen zu wollen", ja sie sollten sich der führenden Rolle des Bundesverfassungsgerichts bewußt sein, was aber – und das ist das Entscheidende – nicht heiße, „daß sie die Ansichten des BVerfG unbesehen übernehmen sollten oder auch nur dürften."[87]

Dem ist nichts hinzuzufügen.

---

[86] Anzeichen in dieser Richtung bei *K. Finkelnburg*, Doppelspuriger Rechtsschutz bei der Verfassungsbeschwerde – Möglichkeiten und Begrenzung, in: Macke, Verfassung (Fn. 35), S. 181 ff. (182 f.).
[87] *Bachof*, Staatsgerichtshof (Fn. 29), S. 19.

Anhang: Übersicht zum Grundrechtsschutz durch Landesverfassungsbeschwerdeverfahren

Bundesland	Verfassungsgericht	eigene Grundrechte	Verfassungs-beschwerde	Verhältnis zur Bundesverfassungs-beschwerde	Bemerkungen
Baden-Württemberg	Staatsgerichtshof Art. 68 LVerf.	Verweis auf GG, Art. 2 I LVerf.	nein	—	—
Bayern	Verfassungsgerichtshof Art. 60 ff. LVerf.	Art. 98 ff. LVerf.	Art. 66, 120 LVerf.	kumulativ	gegen Gesetze nur Popularklage (Art. 98 S. 4 LVerf.)
Berlin	Verfassungsgerichtshof Art. 84 LVerf.	Art. 6 ff. LVerf.	Art. 84 II Nr. 5 LVerf.	alternativ, § 49 I BerlVerfGHG	—
Brandenburg	Verfassungsgericht Art. 112 f. LVerf.	Art. 5 ff. LVerf.	Art. 6 II, 113 Nr. 4 LVerf.	alternativ, § 45 VerfGGBbg	—
Bremen	Staatsgerichtshof Art. 139 f. LVerf.	Art. 1 ff. LVerf.	nein	—	—
Hamburg	Verfassungsgericht Art. 65 LVerf.	nein	nein	—	—
Hessen	Staatsgerichtshof Art. 130 ff. LVerf.	Art. 1 ff. LVerf.	Grundrechtsklage Art. 131 I LVerf.	kumulativ	bei Anwendung von Bundesrecht faktisch konsekutiv
Mecklenburg-Vorpommern	Landesverfassungs-gericht Art. 52 ff. LVerf.	Art. 5 ff. LVerf.; Verweis auf GG, Art. 5 III LVerf.	Art. 53 Nr. 6, 7 LVerf.	subsidiär, Art. 53 Nr. 7 LVerf.	nur gegen Landesgesetze, Art. 53 Nr. 6 LVerf.; nicht unter Berufung auf Verweisungsnorm (Art. 5 III), Art. 53 Nr. 7 LVerf.

Bundesland	Verfassungsgericht	eigene Grundrechte	Verfassungs-beschwerde	Verhältnis zur Bundesverfassungs-beschwerde	Bemerkungen
Niedersachsen	Staatsgerichtshof Art. 54 f. LVerf.	Verweis auf GG, Art. 3 II LVerf.	nein	—	—
Nordrhein-Westfalen	Verfassungsgerichtshof Art. 75 f. LVerf.	Verweis auf GG, Art. 4 I LVerf.	nein	—	—
Rheinland-Pfalz	Verfassungsgerichtshof Art. 134 f. LVerf.	Art. 1 ff. LVerf.	Art. 135 I Nr. 6 LVerf., § 44 I VerfGHG-P	kumulativ	bei Anwendung von Bundesrecht nur unter Berufung auf Mehrgewährleistung, § 44 II VerfGHGR-P
Saarland	Verfassungsgerichtshof Art. 96 f. LVerf.	Art. 1 ff. LVerf.	Art. 97 Nr. 4 LVerf., §§ 9 Nr. 13, 55 VGHG	subsidiär, § 55 III VGHG	—
Sachsen	Verfassungsgerichtshof Art. 77 I, 81 LVerf.	Art. 14 ff. LVerf.	Art. 81 Nr. 4 LVerf.	kumulativ	—
Sachsen-Anhalt	Landesverfassungsgericht Art. 74 ff. LVerf.	Art. 4 ff. LVerf.	Art. 75 Nr. 6 LVerf.	kumulativ	nur bei unmittelbarer Verletzung durch Landesgesetze, Art. 75 Nr. 6 LVerf.
Schleswig-Holstein	Bundesverfassungsgericht Art. 99 GG, Art. 44 LVerf.	nein	nein	—	—
Thüringen	Verfassungsgerichtshof Art. 79 f. LVerf.	Art. 1 ff. LVerf.	Art. 80 I Nr. 1 LVerf.	kumulativ	—